Fundamentos de Programación

y

Bases de Datos

Ángel Arias

ISBN: 978-1495968181

Tabla de Contenidos

NOTAS DEL AUTOR

Esta publicación está destinada a proporcionar el material útil e informativo. Esta publicación no tiene la intención de conseguir que usted sea un maestro de las bases de datos, sino que consiga obtener un amplio conocimiento general de las bases de datos para que cuando tenga que tratar con estas, usted ya pueda conocer los conceptos y el funcionamiento de las mismas. No me hago responsable de los daños que puedan ocasionar el mal uso del código fuente y de la información que se muestra en este libro, siendo el único objetivo de este, la información y el estudio de las bases de datos en el ámbito informático. Antes de realizar ninguna prueba en un entorno real o de producción, realice las pertinentes pruebas en un entorno Beta o de prueba.

El autor y editor niegan específicamente toda responsabilidad por cualquier responsabilidad, pérdida, o riesgo, personal o de otra manera, en que se incurre como consecuencia, directa o indirectamente, del uso o aplicación de cualesquiera contenidos de este libro.

Todas y todos los nombres de productos mencionados en este libro son marcas comerciales de sus respectivos propietarios. Ninguno de estos propietarios han patrocinado el presente libro.

Procure leer siempre toda la documentación proporcionada por los fabricantes de software usar sus propios códigos fuente. El autor y el editor no se hacen responsables de las reclamaciones realizadas por los fabricantes.

INTRODUCCIÓN

Con la evolución de la tecnología cada vez más personas tienen acceso a un ordenador, ya sea en su casa, en la escuela, en el trabajo o en cualquier otro lugar. Los usuarios más curiosos pueden plantearse preguntas como: "¿cómo consiguen hacer esto? ", "¿como podría hacerlo o aprenderlo yo?", "¿cómo es un ordenador internamente?"

Muchos se han aventurado a buscar respuestas de sus auto-preguntas pero no siempre es fácil encontrar lo que se busca. En este libro, el lector tiene la oportunidad de entender cómo funciona esto.

El objetivo de este libro es servir como base a cualquiera que desee introducirse, o simplemente unirse, al maravilloso mundo de la programación, incluso si usted tiene pocos o ningún conocimiento sobre la materia.

Este libro también puede servir como una forma de enriquecimiento cultural sobre temas ya olvidados, ya que aborda aspectos de la arquitectura de los procesadores y ordenadores, los cálculos, la lógica y las matemáticas, hasta una breve historia de los lenguajes de programación y programación básica de algoritmos.

Este libro también está dirigido a aquellos que quieran participar en la actividad de la comunidad de producción de software libre pero que no han recibido capacitación técnica del género.

LA PROGRAMACIÓN

MOTIVACIÓN

En estos días, no saber cómo trabajar con un ordenador es considerado como un tipo de analfabetismo y el coste por no saber cómo usar un ordenador puede ser muy elevado.

Cuando usamos los equipos informáticos podemos hacer muchas cosas. Un adolescente puede utilizar Internet para enviar un mensaje, un estudiante puede usar una hoja de cálculo para realizar el cálculo de un promedio o la cantidad de puntos que necesita para aprobar cada materia, un cocinero puede guardar sus recetas en un editor de texto como Word, etc. De hecho, la cantidad de productos especializados es tan grande que si nos fijamos bien seguramente encontrará algún programa que haga algo muy parecido a lo que quiera realizar.

El problema es que a veces queremos hacer algo específico: queremos un programa para hacer algo que nos va a servir únicamente a nosotros o a nuestra empresa. En este caso, en lugar de comprar uno de los muchos programas que se ofertan en el mercado, desarrollaremos nuestro propio programa. Esto requiere el dominio de una nueva forma de trabajar con el equipo: la programación. Nuestro motivo puede ser un negocio, un proyecto de la escuela, un pasatiempo o simple curiosidad. Hoy en día, un programa se puede hacer de varias maneras. Puede, por ejemplo, modificar ligeramente el comportamiento de la aplicación a través de macros, como se realiza en programas como Microsoft Word. Usted puede hacer incluso modificaciones mayores a través de lenguajes integrados, como también se puede hacer en los programas de Microsoft Office, o incluso juegos de ordenador como Neverwinter Nights. También puede coger un programa de código abierto existente o software libre y modificarlo. O puede empezar de cero y realizar la programación de prácticamente todo, desde luego con la ayuda de las bibliotecas disponibles que son parte del trabajo.

Para programar usted tiene muchas opciones: paquetes que se pueden extender con macros o lenguajes integrados, entornos de programación point-and-click, lenguajes más fáciles de aprender y lenguajes más difíciles, pero con gran poder o características apropiadas para sistemas grandes. En cualquier caso, el objetivo detrás de todo esto es el mismo: programar es dar órdenes a un ordenador, mostrar cómo este debe reaccionar ante el usuario y cómo debe procesar los datos disponibles.

Prácticamente no hay límites a lo que se puede hacer con un ordenador. Los ordenadores ayudan a la gente a hablar, existen aparatos de control, envío de información, entre otros aspectos. Aún algo más difícil, cómo simular una emoción o inteligencia, se estudia con diligencia en todo el mundo. Algunos de los problemas son muy grandes y requieren la construcción de un gran equipo. Otros son tan simples que podemos resolverlos en equipos normales. La noción del tamaño de un problema también cambia con el tiempo: así el chip que se utilizaba en los ordenadores personales en el año 1988, el w:Z80 , ahora se utiliza en dispositivos como faxes.

Hoy en día es difícil imaginar un área de actividad humana en la que el uso de los ordenadores no sea deseable. Así, el dominio de la programación es dictada sustancialmente por la imaginación y la creatividad. Podemos decir que la gran ventaja de saber programar es la capacidad de crear lo que se quiera cuando se quiera. No sólo para los PC sino también para los teléfonos móviles, PDAs y otros. Por supuesto, requiere un poco de esfuerzo pero para muchos este esfuerzo es en realidad un reto cuya recompensa es ver su idea convertida en realidad.

Programación

Probablemente ya ha escuchado la palabra programación, conoce su significado, pero probablemente no sea consciente de lo que hace, cómo se hace y quién lo hace. La programación es fácil y divertida, la dificultad para la mayoría de los principiantes es comenzar a entender cómo funciona un ordenador.

Bueno, un ordenador puede entenderse de varias maneras. Dentro de ellos están las señales electrónicas. Los humanos que los diseñan generalmente piensan en estas señales como "1" y "0". En un momento, empezamos a pensar en algo que se conoce como lenguaje de máquina, es decir, secuencias de "1" y "0", normalmente escritos como números enteros, que indican un cierto comportamiento, tales como la suma de dos números. Para hacerlo más fácil aún, este lenguaje máquina está normalmente transcrito por el lenguaje ensamblador o de montaje que describe las acciones que una computadora puede hacer a través de w: mnemotécnicos como ADD y MOV. Sin embargo, desde hace algún tiempo nosotros hacemos funcionar un ordenador a través de programas escritos en lenguajes de programación que tratan de hacer la tarea de explicar lo que el equipo tiene que hacer más fácil a los seres humanos, si bien, debido a la alta especialización del lenguaje, sólo unos pocos de ellos lo entienden. Todos los lenguajes de programación tienen esencialmente el mismo propósito que es permitir al programador dar instrucciones a la máquina.

En nuestro mundo cotidiano la comunicación se hace de una manera natural y rara vez somos conscientes de las reglas que aplicamos en nuestro idioma. El objetivo de aprender un lenguaje de programación es exactamente el mismo: la aplicación de normas llegando a estar tan arraigadas en nuestra mente que se realice de forma inconsciente (abstraer). Un buen programador entiende los "entresijos" de la lengua que utiliza e incluso puede ver la belleza o la fealdad de un código, de la misma forma que a veces un texto nos gusta no por su contenido sino por la forma en que fue escrito.

Los lenguajes se crean con dos objetivos: lenguajes de propósito general, que sirven para hacer cualquier cosa, y lenguajes de uso específico. Si quiere hacer un programa que se ocupe de problemas estadísticos, probablemente lenguajes como "R", que es un lenguaje creado específicamente para este uso, sean el más adecuado. Si usted desea hacer un programa para calcular la nómina de una empresa, probablemente lenguajes como COBOL, C, C + + o Java, que son lenguajes de uso general, serán los adecuados.

Un programa informático

Un programa de un ordenador es como una receta de cocina: es una secuencia de pasos que se deben realizar. Si los equipos cocinaran en lugar de procesar los datos, un programa típico podría ser:

PROGRAMA FREIR_HUEVO

RESERVAR HUEVO, PAN, SAL, MANTEQUILLA;

USAR COCINA;

COLOCAR SARTEN EN COCINA;

PONER LA MANTEQUILLA EN LA SARTÉN;

ENCENDER COCINA;

ESPERAR A QUE LA MANTEQUILLA SE CALIENTE;

ROMPER EL HUEVO;

DERRAMAR EL HUEVO EN LA SARTEN;

PONER SAL EN EL HUEVO;

ESPERAR A QUE EL HUEVO SE FRÍA;

APAGAR COCINA;

SERVIR EL HUEVO;

FIN PROGRAMA

Sin embargo, los programas de ordenador trabajan con datos y un programa real típico sería (usando Python)

```
def sumar (num1, num2):
    return num1 + num2
```

Este programa (o, más bien, esta función) devuelve la suma de dos números.

Cómo Programar

Estructura interna de un ordenador

Un equipo mínimo consta de tres unidades básicas:

- Procesador, como el nombre implica, es el componente principal del procesamiento;

- Memoria, que mantiene datos y programas;

- Los dispositivos de entrada y salida (Input / Output), tales como el teclado, el monitor o la impresora.

En un ordenador personal, estos componentes se colocan normalmente en una placa base.

Es importante tener en cuenta que los dispositivos llamados de memoria secundaria se comunican con la parte principal del ordenador a través de dispositivos de entrada y salida. Por lo tanto, una unidad de disco duro sólo se puede utilizar si está conectado a la placa base a través de una interfaz (SCSI o SATA, por ejemplo).

Por lo general, representamos un ordenador de manera abstracta mediante un diagrama muy simple que muestra una unidad de procesamiento capaz de utilizar los datos que proceden o deben ser almacenados tanto en la memoria como en dispositivos de entrada y salida:

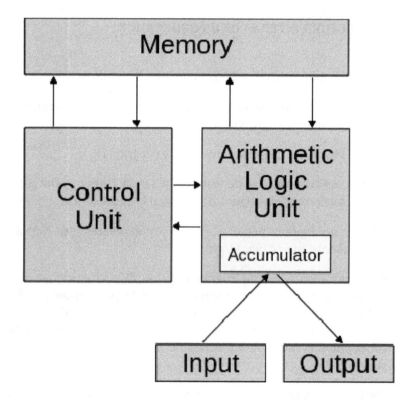

Figura 1: Esquema de un ordenador genérico

Figura 2: Esquema de una placa genérica

Antes de intentar averiguar que sistema es el representado en las imágenes, vamos a explicarlo para que el lector comprenda mejor como funciona un ordenador.

El esquema tiene dos dispositivos de entrada (PCI Express - aquellos en los que ponemos nuestra tarjeta gráfica, tarjeta de red o tarjeta de sonido ...), cuatro pistas de transferencia de datos (son muchas más en un ordenador actual), donde circulan los datos, probablemente codificados, de las entradas dirigidas a la central de procesamiento (CPU o procesador). Entonces los millones de transistores existentes dentro de esa caja, procesarán y crearán nuevos datos que serán distribuidos por la red interna del PC, de acuerdo con la clasificación presentada en los datos de entrada. El procesador puede almacenar datos en la memoria RAM y la memoria caché. Los datos menos usados serán almacenados en la memoria RAM y para los datos de acceso frecuente se usará la caché. Los Jumpers controlan, además de la velocidad de procesamiento, qué tipo de entradas pueden generar datos, entre otras cosas. El mismo proceso ocurre con los datos que se devuelven al dispositivo de E / S . Et voilà, he aquí una explicación muy, muy resumida de toda la teoría de procesamiento de un ordenador.

Ampliando un poco más, los dispositivos periféricos, como impresoras y escáneres, acceden también al procesador. Actualmente los dispositivos no están controlados por la CPU sino por una memoria EEPROM llamada BIOS .

PROCESAMIENTO DE DATOS

El procesador es una unidad central del sistema informático, llamada CPU (Unidad Central de Procesamiento). Su función es interpretar y ejecutar instrucciones.

La unidad de medida de la velocidad de un procesador es Hz (hercios). El Hertz es la unidad de medición de frecuencia, que en física se define como el número de ciclos que se producen por unidad de tiempo - la frecuencia de un reloj es 1/3600 Hz, es decir, se tarda 1 hora en dar una vuelta completa. En la mayoría de los ordenadores modernos, la velocidad media es de 1 GHz, o mil millones de ciclos de reloj por segundo, o 1000000000 hertz o, análogamente, mil millones de vueltas en un reloj en 1 segundo. En nuestro ejemplo, 01 hertz puede llevar por lo menos 01 bits (1 información), para entenderlo 1 bit (1 Hz) puede ser comparado con 1 letra de este texto, con lo que los ordenadores que funcionan con 2 mil millones de "letras" por segundo (02

GHz) pueden leer un libro más rápido que otro que sólo puede leer mil millones de "letras" (01 GHz).

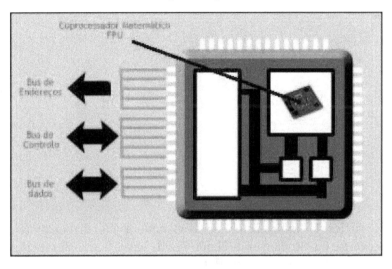

Figura 2 - Esquema de un procesador genérico

El procesador está compuesto por millones de transistores, cada uno de los cuales procesa un bit a la vez, es decir, muestra el estado 1 o el estado 0. Esta diversidad de posibles secuencias crea una gama infinita de instrucciones. De hecho las limitaciones encontradas en la creación de software no son vistas por la CPU, sino por la estructura de la máquina. El procesador, teóricamente, en términos de procesamiento de datos es ilimitado, es decir, no hay límites de procesamiento.

A veces se necesitan varias operaciones matemáticas complejas. Existe, dentro de la CPU, una pequeña sección llamada coprocesador matemático FPU encargada de eso. Pero el procesador no puede existir aisladamente necesita ser conectado por "algo": los BUS del procesador son los "caminos" a través de los cuales la información se transmite a los dispositivos y viceversa. Cuanto mayor es el número de buses la transferencia se produce más rápidamente. Hay varias tecnologías y protocolos utilizados en el BUS.

LÓGICA DE PROGRAMACIÓN

Lógica de Programación es la técnica para desarrollar algoritmos (secuencias lógicas) para alcanzar ciertos objetivos dentro de ciertas reglas basadas en la lógica matemática y otras teorías básicas de la ciencia de la computación y que luego se adaptan al lenguaje de programación utilizado por el programador para construir su software.

Un algoritmo es una secuencia no ambigua de instrucciones que se ejecuta hasta que se cumpla cierta condición. Más específicamente, en matemáticas, es el conjunto de procesos (y los símbolos que los representan) para realizar un cálculo.

El concepto de algoritmo se ilustra a menudo con el ejemplo de una receta, aunque muchos algoritmos son más complejos. Pueden repetir los pasos (iterar) o requerir decisiones (tales como comparación ó lógica) hasta que se complete la tarea. Un algoritmo correctamente ejecutado no va a resolver un problema si no se implemente correctamente o si no es apropiado para el problema.

Un algoritmo no representa necesariamente un programa de ordenador sino los pasos necesarios para realizar una tarea. Su aplicación puede llevarse a cabo por un ordenador u otro tipo de robot, incluso por un ser humano. Diferentes algoritmos pueden realizar la misma tarea utilizando un conjunto diferente de instrucciones en menos o más tiempo, espacio o esfuerzo que otros. Esta diferencia puede reflejar la complejidad computacional aplicada, que depende de la estructura de datos adecuada al algoritmo. Por ejemplo, un algoritmo para vestirse puede especificar que se vista en primer lugar por los calcetines y los zapatos después de ponerse los pantalones mientras otro algoritmo puede especificar que usted debe ponerse primero los zapatos y luego los calcetines y los pantalones. Claramente, el primer algoritmo es más fácil de realizar que el segundo a pesar de que tanto uno como otro conduce al mismo resultado.

El concepto de algoritmo se formalizó en 1936 por la Machine Turing de Alan Turing y por el cálculo lambda de Alonzo Church, que formaron las primeras bases de la informática.

FORMALISMO

Un programa de ordenador es esencialmente un algoritmo que le dice al ordenador los pasos específicos y en qué orden deben ser ejecutados, por ejemplo, los pasos a ser seguidos para calcular las notas que se imprimirán en los boletines de los estudiantes de una escuela. Por lo tanto, el algoritmo se puede considerar una secuencia de operaciones que pueden ser simuladas por una máquina de Turing completa.

Cuando uno de los procedimientos de un algoritmo implican el procesamiento de datos, la información se lee desde una fuente de entrada, es procesada y se devuelve un nuevo valor después del procesamiento, que se realiza generalmente con la ayuda de una o más estructuras de datos.

Para cualquier proceso computacional teórico, el algoritmo debe ser rigurosamente definido, especificando la forma en que se comportará en todas las circunstancias. La corrección del algoritmo se puede demostrar matemáticamente, como la cantidad asintótica del tiempo y el espacio (complejidad) que se requieren para su ejecución. Estos aspectos del algoritmo están dirigidos por el análisis de algoritmos. Las implementaciones, sin embargo, pueden estar limitadas a casos concretos.

La forma más sencilla de pensar en un algoritmo es una lista de procedimientos bien definidos, en los que se ejecutan las instrucciones paso a paso desde el principio de la lista, es una idea que se puede ver fácilmente a través de un diagrama de flujo. Tal formalización adopta las premisas de la de programación imperativa, que es una forma mecánica para visualizar y desarrollar un algoritmo. Concepciones alternativas para algoritmos varían en la programación funcional y programación lógica.

DEFINICIÓN DE ALGORITMO

Algunos autores restringen la definición de algoritmo para procedimientos que eventualmente terminan. Minsky constató que si el tamaño de un procedimiento no se conoce de antemano, tratar de descubrirlo es un problema indecible ya que el procedimiento puede ser ejecutado hasta el infinito porque nunca se tendrá la respuesta. Alan Turing demostró en 1936 que no hay ninguna máquina de Turing para llevar a cabo este análisis para todos los casos, por lo que no hay algoritmo para realizar tal tarea para todos los casos. Esta condición se conoce ahora como el problema de la parada. Básicamente, esto significa que no existe un programa informático que puede predecir si otro programa del ordenador se detendrá algún día.

Para algoritmos infinitos el suceso no se puede determinar mediante la interpretación de la respuesta y si por las condiciones impuestas por el desarrollador del algoritmo durante su ejecución. Por ejemplo, podemos querer un algoritmo infinito para controlar una señal de tráfico.

Implementación

La mayoría de los algoritmos están diseñados para ser implementados en un programa de ordenador. Sin embargo, también pueden ser implementados de otros modos, tales como una red neuronal biológica (tales como en el cerebro cuando realizamos operaciones aritméticas) en circuitos eléctricos o incluso dispositivos mecánicos.

Para los programas de ordenador hay una amplia variedad de lenguajes de programación, cada una con características específicas que pueden facilitar la puesta en práctica de ciertos algoritmos o servir para fines más generales.

Análisis de algoritmos

El análisis de algoritmos es una rama de la informática que estudia las técnicas de diseño de algoritmos y los algoritmos de forma abstracta, sin estar implementados en un lenguaje de programación en particular o implementados de alguna otra manera. El análisis de algoritmos se ocupa de los medios necesarios para los recursos de ejecución del algoritmo, como el tiempo de ejecución y el espacio de almacenamiento de datos. Debe ser notado que para un algoritmo dado puede haber diferentes cantidades de recursos asignados en conformidad con los parámetros de entrada pasados. Por ejemplo, si definimos que el factorial de un número natural es igual al factorial de su predecesor multiplicado por el número en sí, está claro que la aplicación del factorial (10) consume más tiempo que la ejecución del factorial (5).

Una forma de mostrar un algoritmo para analizarlo es a través de su implementación por un pseudocódigo estructurado. El ejemplo siguiente es un algoritmo que devuelve (salida) la suma de dos valores (también conocidos como parámetros o argumentos, valores de entrada) que se introducen en la llamada a la función:

SumaDeDosValores función (A numérico, B numérico)

comienzo

  declarar SUMA numérico

  SUMA <- A + B

  devolver (SUMA)

final

Clasificación

Clasificación por implementación

Los algoritmos se pueden clasificar por la forma en la que fueron implementados:

- **Recursivo o iterativo** - un algoritmo recursivo tiene la función de invocarse a sí mismo varias veces hasta que una cierta condición se satisface y se termina, lo que es un método común en la programación funcional. Los algoritmos iterativos utilizan estructuras repetitivas tales como bucles o estructuras de datos adicionales como las pilas, para resolver problemas. Cada algoritmo iterativo tiene un algoritmo recursivo similar y viceversa, pero puede tener más o menos complejidad en su construcción. Es posible construir algoritmos que sean a la vez iterativos y recursivos probablemente para aprovechar alguna optimización de tiempo o espacio que eso permita.

- **Lógico** - un algoritmo puede ser visto como una deducción lógica controlada. El componente lógico expresa los axiomas utilizados en el cálculo y el componente de control determina la forma en que se aplica la deducción a los axiomas. Este concepto es la base para la programación lógica.

- **Serie o paralelo** – los algoritmos se asumen generalmente para ser ejecutados instrucción por instrucción individualmente, como una lista de reproducción, lo que constituye un algoritmo en serie. Este concepto es la base de la programación imperativa. Por otro lado, hay algoritmos ejecutados en paralelo, que tienen en cuenta arquitecturas de ordenadores con más de un procesador para ejecutar más de una instrucción a la vez. Tales algoritmos dividen el problema en sub-problemas y lo delegan al número de procesadores disponibles, reuniendo al final el resultado de los sub-problemas en un resultado final o algoritmo. Este concepto es la base para la programación en paralelo. En términos generales, los algoritmos iterativos son paralelizables, por otro lado hay algoritmos que no son paralelizables, llamados problemas inherentemente seriales.

- **Deterministas o no deterministas** - algoritmos deterministas resuelven el problema con una decisión exacta a cada paso mientras que los algoritmos no deterministas resuelven el problema al deducir los mejores pasos a través de estimaciones de forma heurística.

- **Exacta o aproximada** - mientras que algunos algoritmos encuentran una respuesta exacta, los algoritmos de aproximación buscan una respuesta aproximada a la solución real, ya sea a través de la estrategia determinista o aleatoria. Poseen aplicaciones prácticas sobre todo para problemas muy complejos, donde una respuesta correcta es inviable debido a su complejidad computacional.

CLASIFICACIÓN POR METODOLOGÍA

Los algoritmos se pueden clasificar por la metodología o paradigma de su desarrollo, tales como:

- **Divide y vencerás** – los algoritmos de división reducen repetidamente el problema en sub-problemas, a menudo de forma recursiva, hasta que el sub-problema es lo suficientemente pequeño para ser resuelto. Un ejemplo práctico es el algoritmo de ordenación. Una variante de esta metodología es la reducción y conquista, que resuelve un sub-problema y utiliza la solución para resolver un problema más grande. Un ejemplo práctico es el algoritmo de búsqueda binaria.

- **La programación dinámica** – puede utilizar la programación dinámica para evitar la re-solución de un problema que se ha resuelto previamente.

- **Algoritmo voraz** - un algoritmo voraz es similar a la programación dinámica pero se diferencia en que las soluciones de los sub-problemas no necesitan ser conocidas en cada paso, una elección de este tipo se puede hacer en cada momento con lo que hasta ese momento parece ser lo más adecuado.

LA PROGRAMACIÓN LINEAL

- **Reducción** - la reducción resuelve el problema mediante su transformación en otro problema. También se le llama de transformación o conquista.

- **Búsqueda y enumeración** - muchos problemas se pueden modelar mediante gráficos. Un algoritmo de exploración gráfica se puede utilizar para caminar alrededor de la estructura y devolver información útil para la resolución de problemas. Esta categoría incluye los algoritmos de búsqueda y backtracking.

- **Modelo heurístico y probabilístico** – los algoritmos probabilísticos realizan elecciones al azar. Los algoritmos heurísticos tratan de encontrar una solución por ciclos de mutaciones evolutivas entre generaciones de pasos, tendiendo a la solución exacta del problema. Los algoritmos heurísticos encuentran una solución aproximada al problema.

CLASIFICACIÓN POR CAMPO DE ESTUDIO

Cada campo de la ciencia tiene sus propios problemas y sus algoritmos apropiados para resolverlos. Ejemplos clásicos son los algoritmos de búsqueda, clasificación, análisis numérico, teoría de gráficos, la manipulación de cadenas, la geometría computacional, optimización combinatoria, aprendizaje automático, criptografía, compresión de datos y la interpretación de texto.

CLASIFICACIÓN POR COMPLEJIDAD

Algunos algoritmos se ejecutan en tiempo lineal, de acuerdo a la entrada, mientras que otros se ejecutan en tiempo exponencial o incluso nunca terminan de ser ejecutados. Algunos problemas tienen múltiples algoritmos para su solución, mientras que otros no tienen algoritmos de resolución.

UN APUNTE HISTÓRICO

El programador más antiguo del que se tiene noticia es Ada Lovelace, quien describió el funcionamiento de la máquina analítica de Babbage Charles, que nunca fue terminada. El primer programador que completó todos los pasos en informática, incluyendo la compilación y las pruebas, fue Wallace Eckert. Él utilizó el lenguaje matemático para resolver problemas astronómicos en la década de 1930. Alan Turing desarrolló y programó un ordenador diseñado para romper el código alemán Enigma durante la Segunda Guerra Mundial.

Lógica

Lógica binaria

La lógica binaria o operación bit a bit es la base de todo el cálculo computacional. De hecho, éstas son las operaciones más básicas que constituyen toda la potencia de los ordenadores. Toda operación, por compleja que pueda parecer, se traduce internamente por el procesador a estas operaciones.

Operaciones

NOT

El operador NOT o negación binaria supone lo opuesto del operando, es decir, un operando será '1 ' si el operando es '0', y será '0 'en caso contrario, según podemos confirmar con la tabla de verdad:

A	¬A
1	0
0	1

Implementación:

Si esto NOT aquello

AND

El operador binario AND o conjunción binaria devuelve un bit 1 cuando ambos operandos son '1 ', como se puede confirmar en la tabla de verdad:

A	B	A $\wedge$ B
1	1	1
1	0	0
0	1	0
0	0	0

Implementación:

Si esto AND aquello, hacer asi

OR

El operador binario OR o disyunción binaria devuelve un bit 1 cuando al menos un operando es '1', como se puede confirmar en la tabla de verdad:

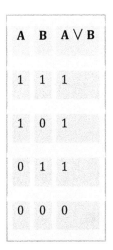

A	B	A ∨ B
1	1	1
1	0	1
0	1	1
0	0	0

Implementación:

Si esto OR aquello, hacer asi

XOR

El operador binario XOR o disyunción binaria exclusiva devuelve un bit 1 si sólo un operando es '1 ', como se puede confirmar en la tabla de verdad:

A	B	∨ A ∨ B
1	1	0
1	0	1

0	1	1
0	0	0

Implementación:

Esto XOR aquello, hacer asi

Shift

El operador bits shifting o desplazamiento bit-a-bit, equivale a la multiplicación o división por 2 del operando que, a diferencia de los casos anteriores, es un grupo de bits, y consiste en el desplazamiento hacia la izquierda o la derecha del grupo de bits. El bit introducido es siempre 0 y el bit eliminado puede ser usado opcionalmente (flag CF de los registros del procesador).

(101 011 (43) >> 1) = 010,101 [1]

(101 011 (43) << 1) = [1] 010 110

APRENDIZAJE

Cómo aprender

Se requiere mucha persistencia para aprender a programar. Para ello necesitamos un poco de tiempo y dedicación al lenguaje. Trate de planificar los estudios y fijar el día, como por ejemplo, estableciendo 1 hora por día los martes, jueves y sábados. Le sugiero que empiece por el estudio de un lenguaje sencillo y directo, y a medida que vaya conociendo nuevas normas de programación, evolucionar a otros lenguajes. Algunos programadores dicen que cualquier desarrollador en la cima de su carrera debe conocer profundamente los lenguajes definidos como los más prestigiosos, como el lenguaje C, C++ y ensamblador. Una posible secuencia lógica de aprendizaje sería:

Paso 1	Perl, Python, Shell Script, ...	El conocimiento de la lógica de programación, la resolución de algoritmos sencillos
Paso 2	PHP, JavaScript, Pascal, ...	Solución de problemas con más de un resultado; Algunos de programación orientada a objetos
Paso 3	Lenguaje C, C + +, ...	Resolución de problemas complejos y desarrollo de programas GUI, Programación total con objetos y clases
Paso 4	Ensamblador	Conocimiento total de procesamiento, programación compleja sin dificultades

Como podemos ver, aprender a programar lleva tiempo, hay quien dice que es difícil y los hay que dicen que es divertido. Procure ser creativo mientras escribe los algoritmos, utilice los nuevos conceptos aprendidos y no tenga miedo a probar nuevas ideas.

"La opción por defecto"

El "estándar vigente" es algo que existe empíricamente en un programador, cuando se tiene la intención de estudiar un nuevo idioma. Pero ¿cuál es el estándar vigente?

Cuando se quiere estudiar un lenguaje, no se puede esperar que leyendo un libro en particular o asistiendo a un curso en concreto lo aprendamos perfectamente. La verdad es que no necesitamos un libro para aprender a programar bien y, para algunos, el curso es sólo una pérdida de tiempo. La gran mayoría de los libros sirven como una ayuda para el estudio y no como una base de apoyo para el estudio. Por lo tanto, lo que la mayoría de los programadores hacen para aprender un nuevo lenguaje es:

1. El estudio de la sintaxis del lenguaje a través de un libro o manual.

2. La comprensión de las diferencias de este con los demás lenguajes que ya saben - Esto es muy importante!

3. Hacer algo que realmente le hará un buen programador: Leer código ya hecho.

4. Comience a escribir sus propios programas.

Es necesario tener en cuenta estos pasos que son esenciales. así que si usted no sabe una función particular, siempre puede ir a verla en el manual. Sin embargo, no se aferre al libro, ya que no conduce a nada.

Esta norma es efectiva porque, un principiante, puede aprender un idioma en poco más de 5 o 6 meses. Un programador con experiencia sólo necesita una o dos semanas para aprender un nuevo lenguaje.

Después de aprender ese lenguaje, inscríbase en uno de los cientos de listas existentes en Internet y aumente sus conocimientos ayudando a otros a crear programas de código abierto. Tenga en cuenta que si usted sigue estas reglas va a aprender a ser un buen programador.

ALGORITMOS

Un algoritmo es un esquema para la solución de un problema. Puede ser aplicado con cualquier secuencia de valores u objetos que tienen una lógica infinita (por ejemplo, el idioma Inglés, Pascal, C, una secuencia numérica, un conjunto de objetos como el lápiz y la goma de borrar), o cualquier cosa que pueda proporcionar una secuencia lógica. A continuación podemos apreciar un algoritmo implementado en un diagrama de flujo sobre el estado de una lámpara:

Figura 3 - un diagrama de flujo

Siguiendo el razonamiento anterior ¿un programa de ordenador es un algoritmo? Sí, es cierto. Aunque tenemos que usar el algoritmo anterior en nuestro lenguaje (como se muestra en la imagen de arriba) para escribir una lógica de programa, el programa en sí mismo que proviene de este algoritmo ya es un algoritmo. Incluso un esquema mental es un algoritmo.

OK, ya sabemos lo que es un algoritmo. Pero, ¿por qué es importante para el estudio de la programación?

La verdad es que antes de que podamos escribir un programa en cualquier lenguaje necesitamos escribir un esbozo en papel para evitar errores, de acuerdo con el programa que queremos hacer. Con esta lógica, no olvidaremos lo que queremos dar al programa y será menos probable que aparezcan errores. Por ejemplo:

En lenguaje humano:

"Si eso es cierto, sucede esto, sino pasa aquello"

En lenguaje de máquina:

IF eso; THEN esto; ELSE aquello;

Como se puede ver, un algoritmo puede escribirse de distintas formas, de arriba a abajo, de izquierda a derecha, en diagonal, árabe, ruso... lo único necesario es escribirlo!

FUNDAMENTOS

Una máquina de computación es cualquier máquina (por lo general de origen electrónico) con capacidad para recibir datos, realizar operaciones con esos datos y devolver los datos procesados por estas operaciones.

Entrada de datos	Tratamiento	Salida de datos

Las máquinas de computación electrónicas en general, tienen dos componentes básicos: software y hardware.

Llamamos Hardware a parte física y software a los programas que tratan los datos introducidos.

Cuando introducimos algunos datos en un ordenador, los datos introducidos se transforman en señales eléctricas (llamadas bits). El bit (Inglés binary digit) son los dos estados (encendido o apagado) que la señal eléctrica puede asumir. Para trabajar con estos datos, podemos asociar estos estados por intervalos de 0 y 1. Cuando se utiliza un ordenador, hay un flujo de señales eléctricas que representan los datos introducidos, procesados y devueltos. Un conjunto de ocho bits forman un byte que es una unidad completa de información.

Dentro del byte, el estado de cada uno de ocho bits, así como su posición relativa entre sí, hace que el byte tenga un valor específico (no necesariamente numérico) que sirve para estructurar en relación con otro y crear un sistema de datos que sirve al usuario externo.

Para poder organizar las posibilidades de variaciones de estos bits dentro de un byte, podemos ver una tabla ASCII:

Binario	Dec	Hex	Representación
0010 0000	32	20	espacio ( )
0010 0001	33	21	!

0010 0010	34	22	"
0010 0011	35	23	#
0010 0100	36	24	$
0010 0101	37	25	%
0010 0110	38	26	&
0010 0111	39	27	'
0010 1000	40	28	(
0010 1001	41	29	)
0010 1010	42	2A	*
0010 1011	43	2B	+
0010 1100	44	2C	,
0010 1101	45	2D	-

0010 1110	46	2E	.
0010 1111	47	2F	/
0011 0000	48	30	0
0011 0001	49	31	1
0011 0010	50	32	2
0011 0011	51	33	3
0011 0100	52	34	4
0011 0101	53	35	5
0011 0110	54	36	6
0011 0111	55	37	7
0011 1000	56	38	8
0011 1001	57	39	9

0011 1010	58	3A	:
0011 1011	59	3B	;
0011 1100	60	3C	<
0011 1101	61	3D	=
0011 1110	62	3E	>
0011 1111	63	3F	?

Binario	Dec	Hex	Representación
0100 0000	64	40	@
0100 0001	65	41	A
0100 0010	66	42	B
0100 0011	67	43	C

0100 0100	68	44	D
0100 0101	69	45	E
0100 0110	70	46	F
0100 0111	71	47	G
0100 1000	72	48	H
0100 1001	73	49	I
0100 1010	74	4A	J
0100 1011	75	4B	K
0100 1100	76	4C	L
0100 1101	77	4D	M
0100 1110	78	4E	N
0100 1111	79	4F	O

0101 0000	80	50	P
0101 0001	81	51	Q
0101 0010	82	52	R
0101 0011	83	53	S
0101 0100	84	54	T
0101 0101	85	55	U
0101 0110	86	56	V
0101 0111	87	57	W
0101 1000	88	58	X
0101 1001	89	59	Y
0101 1010	90	5A	Z
0101 1011	91	5B	[

0101 1100	92	5C	\
0101 1101	93	5D	]
0101 1110	94	5E	^
0101 1111	95	5F	_

Binario	Dec	Hex	Representación
0110 0000	96	60	`
0110 0001	97	61	a
0110 0010	98	62	b
0110 0011	99	63	c
0110 0100	100	64	d
0110 0101	101	65	e

0110 0110	102	66	f
0110 0111	103	67	g
0110 1000	104	68	h
0110 1001	105	69	i
0110 1010	106	6A	j
0110 1011	107	6B	k
0110 1100	108	6C	l
0110 1101	109	6D	m
0110 1110	110	6E	n
0110 1111	111	6F	o
0111 0000	112	70	p
0111 0001	113	71	q

0111 0010	114	72	r
0111 0011	115	73	s
0111 0100	116	74	t
0111 0101	117	75	u
0111 0110	118	76	v
0111 0111	119	77	w
0111 1000	120	78	x
0111 1001	121	79	y
0111 1010	122	7A	z
0111 1011	123	7B	{
0111 1100	124	7C	|
0111 1101	125	7D	}

0111 1110	126	7E	~

LÓGICA DE PROGRAMACIÓN

Lógicamente se vuelve laborioso trabajar con los datos de un ordenador bit a bit. Como una manera de manejar este flujo de estados eléctricos y estructurarlo para que las operaciones sean más simples y estén más optimizadas, surgió el concepto de programación. Los lenguajes de programación son por lo general de dos niveles:

- **Lenguajes de bajo nivel**: son lenguajes de programación que manejan información en lenguaje máquina.

- **Lenguajes de alto nivel**: lenguajes de programación que se modelan casi como el lenguaje humano común, que cuando se compilan se traducen a lenguaje de máquina. Cada tipo de lenguaje tiene su propia sintaxis, que debe ser respetada y aprendida correctamente para que pueda ser procesada por el compilador. El compilador es un programa que permite que cierta programación en un lenguaje específico se adapte al lenguaje máquina.

Sin embargo, no es necesario que un programador aprenda todos los lenguajes disponibles. Se recomienda usar cada lenguaje para ciertas aplicaciones, así como por su propia sintaxis, pero todos están estructurados lógicamente. Con la programación lógica el alumno comprenderá los conceptos básicos de la programación y, con mayor o menor dificultad, dependiendo del lenguaje elegido, aprenderá el lenguaje que desee.

ALGORITMO

Los lenguajes de programación tratan los datos de un ordenador a través del uso de algoritmos. Un algoritmo es una estructura paso a paso de cómo un problema dado debe ser resuelto de una manera no ambigua. Por lo tanto, para realizar esta estructura es necesario el uso de herramientas y las operaciones derivadas de la lógica, sobre todo de la lógica matemática .

Antes de la programación estructurada de forma lógica debemos saber qué tipo de problema se ha propuesto, la información que será introducida y los pasos que se realizarán para llegar a un fin específico. Por ejemplo, vamos a ver un "algoritmo" con los pasos a seguir para "ducharse":

1. Sacar la ropa.

2. Abrir el grifo.

3. Enjabonarse.

4. Des-enjabonarse el cuerpo.

5. Aplicar champú en el pelo.

6. Aclarar el pelo.

7. Cerrar el grifo.

Hemos visto un problema propuesto (ducharse) y los pasos para resolver el problema. Por supuesto, hay otras formas de estructurar este algoritmo para lograr el mismo fin. Sin embargo, es importante estructurarlo de una manera coherente, eficaz y simple, o como muchos dicen de "forma elegante". Nosotros veremos en la siguiente lección que podemos diseñar este algoritmo y aplicar conocimientos lógicos que nos permitan manipular la información necesaria.

En el ejemplo que se muestra a continuación, utilizar el teléfono público, vemos condiciones para la toma de decisiones.

1. Retire el auricular;

2. Coloque la tarjeta telefónica;

3. Espere el tono de marcación;

4. Con un tono de llamada, marque el número deseado;

5. Si da señal de ocupado, hacer:

6. Cuelgue el teléfono y vuelva al paso 1;

7. Si da señal de llamada, hacer:

8. Espere que contesten;

9. Hable;

10. Cuelgue el auricular;

11. Extraiga la tarjeta;

Los algoritmos también pueden tener condiciones para repetir una acción.

ESTRUCTURAS DE MANIPULACIÓN DE DATOS

Como ya se ha mencionado y es lógico, los lenguajes de programación tienen cosas en común. Una de ellas son las estructuras de control. Las estructuras de control se definen como la base de la programación lógica y pueden ser de dos niveles: directo o indirecto (complejo). Para tener una idea de la diferencia entre el control directo y el control indirecto, presentamos a continuación dos diálogos representativos de dos situaciones cotidianas:

Pedro - "¿Dónde fuiste Miguel"

Miguel - "Fui a la tienda a comprar ropa."

Individuo - "¿Dónde puedo obtener un certificado A-R53?"

Inspector - "Usted tiene que traer su identificación a la ventanilla, pedir un impreso GHA NORMAL y sellarlo, después de 3 meses de la finalización de la escritura tendrá que esperar hasta que llegue la vuelta..."

Tras el análisis de los dos casos, rápidamente llegamos a la conclusión de que la respuesta obtenida en la primera situación es directa y simple, mientras que en la segunda ocurre lo contrario. Ahora, si usted quiere volcar la primera situación en el ordenador, veremos que es suficiente con una página de código secuenciado para que el ordenador recree los pasos. Lo mismo no ocurre en la segunda. Por lo general, para este tipo de casos, el programador utiliza piezas fundamentales llamadas funciones (en

Inglés function) que representan cada caso único de la situación, habiendo vínculos entre ellas en función del resultado.

ESTRUCTURAS BÁSICAS

Cualquier programa tiene que hacer algo (aunque sólo sea enviar una señal bip), sino no es un programa, es decir, tiene que presentar el contenido. Por lo tanto, como representa contenidos va a cambiar estados dentro de la computadora, siendo la memoria interna una de las piezas que se van a alterar inevitablemente. Es inevitablemente que un programa no se "aloje" en la memoria del ordenador, por lo que el programa necesita un espacio físico en memoria y que tendrá que pedirlo. Eso es de lo que hablamos a continuación.

VARIABLES Y CONSTANTES

Una variable es una expresión que varía y por lo general está representada por un valor desconocido X, una constante es una expresión que no cambia (el número de Avogadro, PI, el número de Neper) y puede ser representada por una letra.

En los programas, las variables son todas las expresiones que pueden o no pueden variar, como también pueden ser constantes. Una cosa es evidente: las constantes no pueden ser variables.

En la siguiente función Y vale el doble de todos los valores de X:

Y = 2X -> En esta función, X varía por lo que Y es una variable

En la siguiente función Y siempre toma el valor 2:

Y = 2 -> Y en esta función no varía y por lo tanto es constante.

Aquí es evidente la diferencia de una variable y una función constante en matemáticas.

Trasladando la noción de variable y constante a programación, presentamos ahora dos códigos en PHP y C + +:

/ / Nosotros representamos un texto como una variable representada por p (sintaxis PHP):

<php?

$ p = "Hello World!" ;

/ / Ahora vamos a mostrarla en la pantalla

echo $ p ;

>

En el caso anterior, una variable es un texto que se almacena en memoria, representado por p.

/ / Representamos ahora un "Hello World!" como una constante (la sintaxis de C + +):

 # include <iostream.h>;

int principal ( ) {

```
cout << "Hello World!",

return 0 ;

}
```

No se alarme si no entiende nada de lo que ocurrió. Aquí "Hello World!" era una constante, no una variable, ya que no se almacena en memoria, sino que ha sido impuesta por la sentencia cout directamente.

INSTRUCCIONES

Las instrucciones son comandos pequeños que dictan al programa lo que debe hacer con ciertos datos. Pueden almacenar información, la información actual, esperar una entrada, etc.

Aquí hay algunas de las instrucciones que son más comunes, así como su implementación en C + + y PHP:

Instrucción	Descripción	PHP	Lenguaje C + +
MOSTRAR	Mostrar datos en la pantalla	echo (), print ();	cout <<
ENTRADA	Solicitar una	$ _GET [] (No se utiliza	cin.get ()

ESTRUCTURAS DE CONTROL

IF

IF es lo mismo que SI y se utiliza en todos los lenguajes de programación, ya que es la estructura más simple que existe. Su implantación supone el lanzamiento de un booleano Verdadero o Falso.

IF esto

Hacer aquello

ELSE

ELSE se utiliza como un adicional de IF, haciendo que todos los datos devueltos como FALSO en IF sean controlados por este ELSE.

IF esto

Hacer aquello

ELSE hacer otra cosa

SWITCH

El SWITCH es visto como un sustituto de IF-ELSE, cuando hay más de 2 opciones para ser controladas.

SWITCH Variable

CASE argumento 1: el código correspondiente

CASE argumento 2: el código correspondiente

CASE argumento 3: el código correspondiente

En este caso, switch buscará el argumento que contiene la variable adecuada y de esta forma elegirá que CASE ejecutar.

FOR

FOR es un bucle que se ejecuta mientras un determinado argumento no es cierto.

X = 1

FOR X <= 10

X = X + 1

Puede ser más difícil de desentrañar este código que los anteriores pero lo que está escrito aquí es que "mientras X no sea igual a 10, la declaración FOR siempre vuelve al principio y vuelve a aumentar el valor de X en 1".

El procesamiento de salida es la siguiente:

X = 1

X = 2

X = 3

X = 4

X = 5

X = 6

X = 7

X = 8

X = 9

X = 10

WHILE

WHILE es una estructura utilizada en la mayoría de lenguajes de programación actuales, especifica que se haga una acción mientras cierta condición es verdadera. Tenga en cuenta el ejemplo escrito en Pascal:

while (x <> z)

  begin

    writeln ('Introduzca un valor para Z')

     readln (z)

  end ;

En el código anterior, mientras que el valor de Z sea diferente al de X, se solicitará al usuario que introduzca el valor de Z.

FUNCIONES

Las funciones son pequeños trozos de código independiente que se especializan en el tratamiento de ciertos tipos de datos dentro de un programa. Hay lenguajes como C o C + +, que sólo trabajan con funciones, otros, como los lenguajes de script (PHP, Python, Perl, etc.), trabajan con funciones y con código publicado en secuencia.

Un ejemplo de implementación de funciones sería:

FUNCTION nombre_funcion (argumento 1, argumento 2, argumento x, ...)

Código

RETURN datos a ser devueltos al código principal

Ejemplo de implementación de función en código:

FUNCTION multiplicador (numero)

X = 10E21

Y = numero * X

RETURN Y

END-FUNCION

```
GET numero

IF numero >= 1

 GOTO multiplicador

 SHOW Y

 END-IF

 ELSE

  SHOW "No es un número entero"

 END-ELSE
```

En este código, vemos el poder de las funciones. En el caso anterior, se solicita al usuario introducir un número. Después de eso, el ordenador analiza si el número es un número entero, y si es así, se llama a la función multiplicador, devolviendo una variable Y que contiene el número introducido previamente multiplicado por el exponente de 22. Sin embargo, si el número introducido no es un entero, el equipo lanza un mensaje de error "No es un número entero".

ARRAYS

Las matrices son estructuras de datos simples, denominadas como vector o lista si son matrices unidimensionales o array si es poli-dimensional. Lo que ocurre es que, en una matriz los datos son mostrados y ordenados de acuerdo a las propiedades o variables que intentamos dominar.

En el siguiente caso se presenta un array ordenado con datos del estado de un programa de código abierto:

Array ('versión' => array ("Alpha"=> 0.1

        "Beta" => 0.5

        "End" => 0.9

)

      -END ARRAY;

  "SO" => array ("Win" => "Windows"

        "Uni" => "UNIX"

        "Mac" => "Mac-OS"

)

      -END ARRAY;

)

-END ARRAY;

Los datos que se describen como "versión" y "SO" se llaman clave y todos los demás son Valores. Entonces todo valor apunta a una clave.

ARRAY (clave => valor);

OPERACIONES ARITMÉTICAS

En cualquier lenguaje es posible calcular las expresiones algebraicas aritméticas de conformidad con los signos convencionales (+ , - , * , y /), por lo que cualquier expresión numérica se comporta como se da en la matemática elemental. También es posible usar expresiones alfanuméricas para realizar cálculos más complejos (materia en la que no entraremos ya que aquí los lenguajes difieren en su comportamiento - algunos están de acuerdo, otros calculan el valor hexadecimal del carácter ASCII u otras cadenas de formulario (frases), etc. - lo que conduce a una gama infinita de posibilidades de programación, en función de los requisitos establecidos en cada tipo de lenguaje).

ARITMÉTICA

Podemos sumar cualquier expresión algebraica de la siguiente manera:

2 + 2 = A

MOSTRAR A

Obviamente obtendremos 4 como resultado mostrado.

Del mismo modo, es posible realizar cualquier operación de una calculadora matemática básica:

B = 4 * 5

MOSTRAR B // número 20

3/2 = C

MOSTRAR C // el resultado de 0, (6)

Una vez visto esto, podemos pensar que sería posible calcular expresiones complejas

* 5 + 2 3/3 - 5 = D

D DEMOSTRACIÓN

Lo que obtenemos de la expresión anterior puede ser un resultado ambiguo dependiendo de la forma en que los lenguajes de programación interpretan la expresión - la expresión puede ser calculada por secuencia lógica matemática o en la secuencia en que se muestra. Actualmente todos los idiomas comunes siguen una secuencia lógica para calcular la expresión matemática y por eso el resultado es 10, (6) y no 0, (6).

OPERACIONES COMPLEJAS

¿Cómo se comporta el equipo con los cálculos utilizando números de coma flotante o números exponenciales ?

Al igual que en matemáticas, el equipo intentará redondear decimales (algunos lenguajes como PHP requieren la función round () para redondear matemáticamente) y de calcular potencias, para conseguir un resultado con un número real aproximado que se dice matemáticamente que es cierto.

Coma flotante:

0.512 + 2/3 = 1.178 (6) / / cuántos decimales desea el usuario y la computadora permite

CONCLUSIÓN

Estas son las instrucciones más básicas utilizadas por todos los lenguajes de programación existentes, precisamente por ser básicas y simples. Sin ellas, un lenguaje no es acreditado y presenta demasiadas limitaciones como para poder considerarse un lenguaje de programación racional.

Pseudo Código

Pseudocódigo es una forma genérica de escribir un algoritmo, utilizando un lenguaje sencillo (un lenguaje nativo para quien escribe con el fin de ser entendido por cualquier persona) sin tener que conocer la sintaxis de cualquier lenguaje de programación. Es, como su nombre indica, un pseudo-código y por lo tanto no puede ser ejecutado en un sistema real (ordenador) - de lo contrario ya no sería pseudo.

Los libros de ciencias informáticas a menudo usan pseudocódigo para ilustrar sus ejemplos de modo que todos los programadores pueden entender la lógica de los programas (sin importar el lenguaje que utilizan), entendiéndose los conceptos facilitados después de la conversión a cualquier lenguaje de programación. Vamos a aprender en este libro los elementos más esenciales de la programación en pseudo-código.

Constantes y variables

Una máquina de computación es esencialmente una máquina de entrada y salida de datos. Podemos definir dos tipos de datos: constantes , que es un valor fijo que no cambia hasta el final del programa y variable que corresponde a una posición en la memoria del ordenador que almacena un dato particular y que se puede modificar durante el programa.

TIPOS DE VARIABLES

Al declarar una variable se le asigna una posición determinada en la memoria del ordenador. Por lo tanto hay una necesidad de determinar el tipo de la variable con el fin de tener suficiente espacio para la asignación de cualquier dato del tipo declarado.

- **Numérico**: variable que almacena datos de valor numérico (números). Algunos pseudo-códigos dividen este tipo de variables en reales y enteras, es decir, datos numéricos reales (con decimales) y números enteros.

- **Carácter**: variable que almacena los datos de la forma en que se escriben por lo tanto pueden asignar letras, números o letras y sólo números, pero el tratamiento de estos números es como texto y no como números mismos.

- **Lógico**: variable que sólo puede tomar dos valores: Verdadero o Falso.

MODELO DE PSEUDO-CÓDIGO

Vamos a utilizar el siguiente pseudo-código como modelo estándar:

- Cada programa debe comenzar con programa SuNombre

- El principio y el fin del programa estarán limitados por los marcadores Inicio y Fin

- Las variables se declaran en el comienzo del programa con NombreVariable: tipo de la variable

- Las variables no pueden estar en blanco y no pueden iniciar su nombre por número

- Los caracteres especiales no se deben utilizar en los nombres de variables (', `, ~, c, - y similares)

- Se debe evitar el uso de palabras reservadas (es decir, aquellas que utiliza el programa para funciones específicas, tales como inicio y fin).

- Considere que los nombres de las variables diferencian entre mayúsculas y minúsculas caso, es decir, son case sensitive. Así, el nombre de una variable declarada debe ser exactamente el mismo, incluyendo mayúsculas y minúsculas, hasta el final.

- Vamos a utilizar los comandos leer para recibir los datos del usuario y escribir para mostrar los datos al usuario.

- Los textos que se mostrarán en pantalla o que sea preciso insertar como carácter se colocarán entre "comillas".

- Los comentarios en el código se puede introducir entre llaves {} y se proporcionan únicamente con fines informativos, no cambian el código.

EJEMPLO DE PROGRAMA EN PSEUDO-CÓDIGO

Vamos a crear ahora un programa en pseudo-código que define los tipos de registros relacionados con las variables de un libro y recibe estos datos por parte del usuario, que luego se imprimirán en la pantalla.

Programa libro {definición de nombre de programa}

Inicio

CODIGODOLIBRO: entero

TÍTULO, AUTOR, REDACTOR: carácter {declaración de variables}

escribir "Este es un programa en pseudo-código que muestra los datos en pantalla de un libro"

escribir "Introduzca el código del libro"

leer CODIGODOLIBRO

escribir "Introduzca el título del libro"

leer TÍTULO

escribir "Introduzca el autor del libro"

leer AUTOR

escribir "Introduzca el editor del libro"

leer EDITOR

escribir "El libro de código es" CODIGODOLIBRO

escribir "El título del libro es" TÍTULO

escribir "El autor del libro es" AUTOR

escribir "El editor del libro es", EDITOR

Fin

ASIGNACIÓN DE VALORES A LAS VARIABLES

A las variables se les asignan valores del mismo tipo que en su declaración durante el procesamiento del programa. En el ejemplo anterior asociamos el valor introducido por el usuario a las variables. Si queremos asignar valores podemos utilizar <- que asocia un valor a un identificador.

Programa libro {definición del nombre de programa}

CODIGODOLIBRO: entero

TÍTULO, AUTOR, REDACTOR: carácter {declaración de variables}

escribir "Este es un programa en pseudo-código que muestra los datos en pantalla de un libro"

CODIGODOLIBRO <- 1

TÍTULO <- "El Señor de los Anillos"

AUTOR <- "JRR Tolkien"

EDITOR <- "Tralala Editorial"

escribir "El código del libro es" CODIGODOLIVRO {mostrará 1} escribir "El título del libro es", TÍTULO {mostrará El Señor de los Anillos}

escribir "El autor del libro es", AUTOR {mostrará JRR Tolkien}

escribir "El editor del libro es", EDITOR {mostrará Tralala Editorial}

Fin

EXPRESIONES EN PSEUDO-CÓDIGO

Aquí se describirán las funciones y comandos utilizados para escribir en pseudocódigo.

Comandos iniciales

Estos comandos estarán siempre en el pseudocódigo para fines de organización y no tienen asignada ningún tipo de ejecución, son los siguientes:

Algoritmo "nombre de algoritmo" {donde lo que está entre "" es una variable literal}

Var {Sección de declaración de variables}

Inicio {Sección de inicio de comandos}

Fin {Indica el final del algoritmo}

COMANDO ALGORITMO

Sólo sirve para indicar el nombre del algoritmo, en el que el nombre debe ser citado como una variable literal obligatoriamente. Por ejemplo:

algoritmo "prueba"

COMANDO VAR

Indica dónde se declaran las variables, es opcional, ya que en algunos algoritmos sólo se imprimen instrucciones. Por ejemplo:

var

n1, n2: entero

n3, n4: real

nombre, código postal: literal

COMANDO INICIO

Indica donde comenzarán las instrucciones, es obligatorio. Por ejemplo:

inicio

Escribir ("Esto es un algoritmo")

Comando Fin

Sólo sirve para indicar que el algoritmo ha terminado, es obligatorio.

ORIENTACIÓN A OBJETOS

La Orientación a Objetos es una metodología de análisis orientado a objetos, proyecto orientado a objetos y lenguaje de programación orientado a objetos para la programación de sistemas de software basados en la composición y la interacción entre diferentes unidades de software llamadas objetos.

En algunos contextos, se prefiere utilizar un modelo de datos orientado a objetos en lugar de un diseño orientado a objetos.

El análisis y diseño orientado a objetos tiene como objetivo identificar el mejor conjunto de objetos para describir un sistema de software. El funcionamiento de este sistema es a través de la relación y el intercambio de mensajes entre estos objetos.

Hoy en día existen dos aspectos en el diseño de sistemas orientados a objetos. El diseño formal, típicamente usando técnicas como UML y los procesos de desarrollo como RUP, y la programación extrema, que utiliza poca documentación, programación en parejas y pruebas unitarias.

En la programación orientada a objetos, se implementa un conjunto de clases que definen los objetos en el sistema de software. Cada clase determina el comportamiento (que se define en los métodos) y los posibles estados (atributos) de su objeto, así como la relación con otros objetos.

Smalltalk , Modula , Eiffel , Perl , Python , Ruby , PHP , C + + , Java , D y Vala son los lenguajes de programación más importantes con soporte a la orientación a objetos.

Conceptos

- La **Clase** representa un conjunto de objetos con características similares. Una clase define el comportamiento de los objetos, a través de los métodos, y que estados es capaz de mantener, a través de los atributos.

Ejemplo de clase:

HUMANO es una clase y sus atributos son: 2 brazos, 2 piernas, 1 cabeza, etc...

- El **Objeto** es una instancia de una clase. Un objeto es capaz de almacenar estados a través de sus atributos y responder a las llamadas enviadas a él, a fin de relacionarse y enviar llamadas a otros objetos.

Ejemplo de objetos de la clase Humanos:

JOHN es un objeto de la clase HUMANO, con todos los atributos de esta clase, pero su individualidad.

Por lo tanto, el objeto es una discriminación de la clase, la clase debe ser una generalización de un conjunto de objetos idénticos o con la misma base.

- **Llamada o mensaje es una llamada a un objeto** para invocar uno de sus métodos, activando un comportamiento descrito por su clase.

- La **herencia** es el mecanismo por el cual una clase (subclase) puede extender de otra clase (superclase), aprovechando sus comportamientos (métodos) y los posibles estados (atributos). Hay herencia múltiple cuando una subclase tiene más de una superclase. Un ejemplo de herencia podría ser: MAMIFERO es superclase de HUMANO. Es decir, un ser humano es un mamífero.

- La **asociación** es el mecanismo por el que un objeto utiliza los recursos de otro. Puede ser una simple asociación "utiliza un" o una "parte de". Por ejemplo: Una persona usa un teléfono. La tecla "1" es parte de un teléfono.

- La **encapsulación** es la separación de los aspectos internos y externos de un objeto. Este mecanismo se utiliza ampliamente para evitar el acceso directo al estado de un objeto (sus atributos), apenas siendo accesibles los métodos que alteran estos estados.

Por ejemplo:

Usted no necesita saber los detalles de un circuito telefónico para usarlo. La cubierta del teléfono encapsula estos detalles, lo que le proporciona una interfaz de usuario más amigable (botones, señales de tono auricular y).

- La **abstracción** es la capacidad de centrarse en los aspectos esenciales de un contexto haciendo caso omiso de las características de menor importancia o accidentales. En el modelo orientado a objetos, una clase es una abstracción de entidades existentes en el dominio del sistema de software.

□ El **polimorfismo** permite que una referencia a un tipo de una superclase tenga su comportamiento cambiado de acuerdo a la instancia de la clase hija asociada con ella. El polimorfismo permite la creación de superclases abstractas, es decir, con los métodos definidos (declarados) y no implementados, donde la implementación se produce sólo en subclases no abstractas.

EJERCICIOS

Ejercicio 1

Verdadero o falso

Principio del formulario

1. No necesito otro programa al terminar mi código en C + +. Sólo tengo que ejecutarlo directamente en la máquina.

      ☐   Verdadero.

      ☐   Falso.

2. El ensamblador es un lenguaje muy accesible para el usuario final.

      ☐   Verdadero.

      ☐   Falso.

3. Los scripts son lenguajes dinámicos y se utiliza en intervenciones pequeñas, para no tener que utilizar el compilador.

      ☐   Verdadero.

4. Siempre tengo que escribir un algoritmo antes de empezar a escribir un programa en un lenguaje.

☐   Verdadero.

☐   Falso.

Final del formulario

Crear algoritmos

1. Crear un algoritmo para la siguiente frase:

"Si estuvieras en el estado A tienes que descifrar el código B y sumar 2 al resultado de B.

Si no fuera A ir al C y detener."

2. Descifre el siguiente al algoritmo:

IF Libro 1

GOTO Page 251

SUMA 2 NA Page = VAR

SALIDA VAR

ELSE Libro 2

GOTO Page 23

RESTAR 2 NA Page = VAR

SALIDA VAR

Soluciones

Verdadero o falso

1. Falso | 2. Falso | 3. Verdadero | 4. Falso

Crear algoritmos

1.

IF A

  DECIFRAR B + 2 = VAR

ELSE

  C

  STOP

2.

"Si tienes el Libro 1, ve a la página 251, e muestra o valor de la suma entre la página y 2.

Si tienes el Libro 2, ve a la página 23, e muestra el valor de la resta entre la página e 2."

Ejercicio 2

Verdadero o falso

Principio del formulario

1. Una sentencia FOR es una instrucción básica.

        ☐   Verdadero.

        ☐   Falso.

2. Es necesario incluir una instrucción ELSE en un IF.

        ☐   Verdadero.

        ☐   Falso.

3. SWITCH es útil para loops.

        ☐   Verdadero.

        ☐   Falso.

4. Las variables guardan datos en la memoria para poder ser manipulados.

Final del formulario

Crear algoritmos

1. Cree un algoritmo para la situación de esta empresa:

"El problema encontrado por nuestros trabajadores es que al encargar una pieza de automóvil, introducir la marca y solicitar la dirección, el programa no detecta si el registro termina en X o en Y. Si termina en Y no podemos solicitarlo directamente. Tenemos que introducir el código de salida (que termina en 00 en 01 o en 02) para evitar el trabajo para las dirección A, B o C respectivamente."

2. Descifre el algoritmo presentado:

Y = " polígono"

E = " no"

GET X

IF X=0

 MOSTRAR "No se puede aceptar el número!"

END-IF

ELSE

SWITCH X

  CASE 1: "Es un polígono"

  CASE 2: "No es un polígono"

  CASE 3: "Como puedo aceptar un polígono aquí?"

 END-SWITCH

END-ELSE

Soluciones

Verdadero o falso

1. Verdadero | 2. Falso | 3. Falso | 4. Verdadero

Crear algoritmos

1.

GET REGISTRO

IF REGISTRO=Y

 GET ESCAPE

 SWITCH ESCAPE

 CASE "00": A

 CASE "01": B

 CASE "02": C

END-SWITCH

END-IF

2.

"El programa va a pedir X y si este fuera igual a cero va a decir que no puede aceptar ese número.

Se X es un uno va a responder que es un polígono, si es igual que dos va a decir que no lo es y si dice que es igual a tras va a preguntar como podría aceptar un polígono aquí."

HISTORIA Y EVOLUCIÓN DE LA PROGRAMACIÓN

En este capítulo se presenta un breve análisis de la historia y la evolución de los lenguajes de programación.

ENSAMBLADOR

El ensamblador fue desarrollado en los años 50 y fue de los primeros lenguajes de programación en aparecer. Utiliza una sintaxis complicada y difícil, y esto se debe a que, antes de la década de los 50, los programadores tenían que escribir las instrucciones en código binario, algo así como: 0110010110011011010110011010111010110101...para escribir una instrucción. De hecho, el ensamblador fue creado para facilitar el uso de esta tarea pero se considera un lenguaje de bajo nivel, porque todo lo que interpreta el procesador tiene que ser escrito por el programador. Así el código anterior sería "añadir EAX" en ensamblador. Se requiere sólo después de ser terminado de escribir el código, ejecutar el compilador y ya tenemos el programa.

- **Ventajas**: programas muy rápidos y pequeños.

- **Desventajas**: tiempo de desarrollo lento y propenso a errores, código preso de una arquitectura.

FORTRAN

Fortran (Formula Translator) es un lenguaje de alto nivel que se creó para solucionar los problemas y las dificultades presentadas por el ensamblador. También apareció en los años 50 y era considerado uno de los mejores lenguajes de la época. Cuenta con varias funciones predefinidas e instrucciones que nos permiten ahorrar tiempo al escribir las instrucciones básicas del procesador, a diferencia del lenguaje ensamblador.

PASCAL

Otro idioma de alto nivel desarrollado en la década de los 60, bien estructurado pero con reglas muy estrictas, lo que hace que sea difícil de modelar para crear nuevas ideas. Es el típico lenguaje utilizado para iniciarse en programación. Actualmente entornos de desarrollo (IDE) como FreePascal, Kylix y Delphi son excelentes opciones para ser usados con Pascal.

- **Ventajas**: fuertemente tipado (bueno para los principiantes que no están muy familiarizados con la programación)

- **Desventajas**: impide ser creativos a los programadores más veteranos

COBOL

Era un lenguaje utilizado para la creación y estructuración de las bases de datos financieros en los años 60 y que todavía se utilizan para este tipo de servicios. En comparación con Pascal y ensamblador, este lenguaje es muy amigable y bastante asequible y actualmente sirve para muchas tareas.

LENGUAJE C.

Se podría decir que C es una de las maravillas de los lenguajes de programación. Muchos de los programas existentes en la actualidad están escritos en este lenguaje. C fue desarrollado en los Laboratorios Bell en los años 70 y tiene las siguientes características:

- Portabilidad entre máquinas y sistemas operativos
- Los datos compuestos en un formato estructurado
- Interacción total tanto con el sistema operativo como con la máquina
- Compacto y rápido

En los 80 fue el lenguaje más utilizado por los programadores por permitir la escritura intensiva de todas las características de los lenguajes anteriores. Los propios UNIX y Linux fueron escritos en C, así como el front-end de MS-DOS, de Windows, y las aplicaciones de oficina más utilizados en el mundo (OpenOffice.org, Microsoft Office, aunque cada una incluye sus propios scripts), también se utilizó en aplicaciones de gráficos y en la creación de efectos especiales en las películas Strar Trek y Star Wars.

- **Ventajas:** programas muy rápidos y pequeños.

- **Desventajas:** el tiempo de desarrollo lento y propenso a errores.

C++

Un lenguaje que suma a C un conjunto de recursos tal y como su nombre indica. C + + está orientado a objetos. En la década de los 90, fue objeto de varias actualizaciones y normas; el estándar de C + + ha sido ampliamente trabajado por los desarrolladores desde hace ocho años, cuando fue finalmente aprobado por ANSI. Varios proyectos como KDE (front-end para UNIX, Linux, BSD y recientemente para Windows) están escritos en C + +.

- **Ventajas:** programas muy rápidos y pequeños, protege contra algunos errores comunes en C.

- **Desventajas:** tiempo de desarrollo lento.

JAVA, C

Lenguajes en alza a finales de los años 90 y principios de 2000, tienen alto poder de abstracción y buenas capacidades de virtualización, lo que les da mucha independencia sobre la plataforma, aunque esta característica todavía se está mejorando.

- **Ventajas**: la facilidad de C / C + + y vínculos de patentes con las empresas que los desarrollan.

PHP

PHP apareció en 1994 y pretendía revolucionar el mercado de los lenguajes para la creación de scripts para Internet. Realmente es un lenguaje excepcional donde se permite hacer todo lo que hacen los CGI y aún más cosas. Para aquellos que quieran seguir la programación de aplicaciones web es el lenguaje a estudiar, junto con Perl, también se utiliza en la creación de herramientas para los sitios web.

- **Ventajas**: la facilidad de implementación y ejecución.

- **Desventajas**: cierta lentitud, depende del entorno en el que se ha instalado el servidor.

PERL, PYTHON, RUBY

Los ciclos de procesamiento y el ordenador son cada vez más baratos, mientras que el tiempo del programador y la creatividad son cada vez más caros. Por lo tanto, la tendencia actual en el mercado es la de promover lenguajes de alto nivel, menos optimizados para la máquina y más optimizados para el programador: lenguajes como Perl, Python y Ruby son lenguajes de programación de alto nivel, con un nivel de abstracción relativa alta, lejos de la máquina y más cerca de código de lenguaje humano.

- **Ventajas**: facilidad de aplicación y cumplimiento en relación a Java y C #

- **Desventajas**: más lento que los programas en C / C++

SIMILITUDES Y DIFERENCIAS

Las similitudes entre los diversos lenguajes son evidentes: la lógica binaria, sentencias if, else, goto, switch, etc... entre otros procesos. Sin embargo, es necesario tener en cuenta que la sintaxis básica de estos lenguajes es distinta y se requiere su aprendizaje. Para ello, el mejor lugar para aprender y mejorar son libros   sobre   la   materia.

CONCLUSIONES FINALES

El mundo de la programación se encuentra en momento apasionante en la actualidad. La llegada de los nuevos dispositivos móviles, tales como los smatphones, iphones, tablets, smartTvs,, etc... están creando una demanda sin precedentes de aplicaciones de software.

Como futuro programador deberá de plantearse en que tipo de tecnologías querrá enfocar su actividad antes de ponerse en serio a estudiar a fondo un lenguaje de programación, como base estaría bien que comenzara leyendo un libro de programación en C y un libro de fundamentos sobre las bases de datos o de MySQL, para coger una buena base en programación, luego como ya mencionamos anteriormente, deberá de ver que área le gustaría empezar a programar y a partir de ahí empezar a estudiar un lenguaje a fondo, como por ejemplo:

- Programación web: PHP, ASP, JSP, etc...
- Programación aplicaciones de escritorio: Java, .NET Framework, C++.
- Programación de aplicaciones para dispositivos móviles:
  - o Smatphones y tables: Java para Android, XNA Framework, .NET Framework y C#.
  - o iPhones y iPad: Objective-C.
- Programación de Sistemas Operativos: C, C++ y ensamblador.

Si usted se decide a empezar a programar, bienvenido a un mundo apasionante donde es conocimiento nunca termina.

Introducción a las bases de datos

Las Bases de datos son colecciones de información (datos) que se relacionan para crear un sentido y dar más eficiencia a una encuesta, un estudio organizado o la estructura de datos de una empresa. Son de vital importancia para las empresas, y en las últimas décadas se han convertido en la parte principal de los sistemas de información. Normalmente los datos permanecen allí durante varios años sin necesidad de cambiar su estructura.

Las bases de datos suelen ser gestionadas por sistemas de gestión de bases de datos (SGBD), que surgieron en los años 70. Antes de estos, las aplicaciones utilizadas en los archivos del sistema operativo para almacenar sus sistemas de información. En los años 80 la tecnología de SGBD relacional llegó a dominar el mercado, y en la actualidad se utiliza casi exclusivamente. Otro tipo de bases de datos destacadas son los SGBD orientados a objetos, donde su estructura o aplicaciones que lo utilizan están en constante cambio. La aplicación principal de la base de datos principal es la que controla todas las operaciones empresariales.

Conceptos iniciales de bases de datos

La informática es una ciencia que se encarga de recibir datos, realizar el procesamiento de los mismos y devolver el resultado de la transformación al público en general, como una necesidad específica. Una de las preocupaciones de la informática está en como proporcionar a los equipos informáticos la capacidad para almacenar en ellos la máxima cantidad de información de forma estructurada a fin de facilitar las operaciones a realizar con esta información con la menor manipulación manual posible. En esta preocupación se fundamenta el estudio de los sistemas de bases de datos.

En general, los profesionales que se especializan en bases de datos trabajan en colaboración con otros profesionales de la informática, los ordenadores, la tecnología y otras áreas, para la gestión de los sistemas de datos que proporcionan la información necesaria para que puedan llevar a cabo sus acciones profesionales.

Definición de los datos y la información

Para comenzar nuestro estudio sobre las bases de datos, es necesario, en primer lugar, definir lo que son los datos y lo que es la información.

Dato es el nombre que damos a cualquier valor, tanto si tiene sentido como no. Por ejemplo: 1, María, en 2222,... es muy probable que usted entienda lo que decimos, pero no entienda de qué estamos hablando. Esto es porque, en estos casos, son sólo valores, sin sentido en sí mismos.

La información es el nombre que damos a un conjunto de datos estructurados con el objetivo de tener una idea. Si decimos que María es el nombre de su tía, María es parte de una estructura que da sentido al valor indicado.

El almacenamiento de datos

A lo largo de la historia, los seres humanos siempre han tratado de desarrollar herramientas y técnicas para almacenar datos, ya sea en su mente o a través de la escritura sobre piedra, papel y otros medios de comunicación. Lógicamente, cada tipo de almacenamiento tiene sus ventajas y desventajas en cuanto a su uso.

Los primeros sistemas informáticos tenían poca memoria física y la información necesaria para el procesamiento de la computadora se almacenaba en medios como la cinta perforada. Con la cantidad creciente de información a ser almacenada y procesada, surgió el concepto de archivo, es decir, un grupo de datos estructurados, con un nombre y almacenado en el disco duro del ordenador. Como aún no había existía el concepto de conectar los ordenadores en red, cada departamento de una organización tenía su archivo de datos y estos no se comunicaban entre ellos. Lógicamente, esto trajo muchos problemas: si un departamento necesitaba una información y no estaba en sus archivos de datos, debía conseguir que otro departamento se la facilitara. La información que fuera necesaria en varios departamentos debía ser registrada en los archivos de cada departamento, los cuales, a medida que pasaba el tiempo, generaban información obsoleta.

Por lo tanto, se hizo necesario integrar la información de una organización en un solo lugar y establecer el acceso a la misma. La investigación en torno a estas necesidades trajo el desarrollo de las bases de datos y la gestión de los sistemas de bases de datos. Los primeros sistemas de bases de datos surgieron a mediados de la década de 1960.

Definición de las bases de datos

Llamamos base de datos (o bases de datos) a un conjunto de datos dispuestos con el objetivo de proporcionar información a los usuarios y permitir transacciones como inserción, eliminación y actualización de datos. Hay varias formas (modelos) para construir una base de datos:

- **Flat file:** archivos planos que almacenan información.
- **Relacional:** tiene este nombre debido a que organiza los datos en tablas y establece relaciones entre las tablas. Este es el modelo más popular y el que utilizamos para estudiar los conceptos en este libro.
- **Orientado a objetos:** tiene este nombre debido a que organiza los datos en clases y objetos.
- **Jerarquico:** modelo que organiza los datos en forma de árbol. Fue uno de los primeros modelos.

- **Red:** organiza los datos en tablas, que son conectados por referencias, creándose una estructura como una red.
- **Dimensional:** organiza e integra los datos en múltiples dimensiones, lo que facilita las consultas de los datos.

Sistema de Base de Datos (SBD)

Sistema de gestión de bases de datos (SBD) es el nombre dado a un conjunto de programas informáticos que gestionan una base de datos. Su objetivo principal es evitar la manipulación directa por un usuario de una base de datos y establecer un marco estándar para que los datos sean organizados y manipulados y tengan una interfaz estándar para que otros programas puedan acceder a la base de datos. Los SBD también proporcionan herramientas adicionales que tienen como objetivo ayudar a manipular los datos de una base de datos.

Hay muchos sistemas SBD en el mercado. En las bases de datos relacionales, los sistemas más populares son:

- Oracle
- SQL Server
- MySQL
- PostgreSQL

En este libro utilizaremos MySQL como herramienta principal. Esto se debe a que MySQL es un sistema de base de datos libre, de código abierto, rico en funciones para los usuarios novatos, y más sencillo que otros sistemas con características similares como PostgreSQL. Es importante destacar que en la actualidad en el mercado, MySQL está más valorado en el segmento de desarrollo web. El mercado de bases de datos, en general, ha considerado como más profesional a Oracle y a SQL Server; ambos pueden ser buenas opciones si usted tiene la intención de centrarse profesionalmente en el área de bases de datos.

Los usuarios de SBD

Los principales tipos de usuarios de los sistemas de bases de datos son:

- **Los administradores de bases de datos (ABD):** profesionales responsables de la administración de sistemas SBD. Su función es regular el acceso de los usuarios a las bases de datos y asegurar el mantenimiento y la seguridad de las mismas.
- **Los analistas de bases de datos:** profesionales encargados de diseñar e implementar los SBD y hacer las integraciones necesarias con cada conjunto de usuarios del sistema.
- **Los usuarios finales:** este término se refiere a todos los usuarios que no tienen que ver directamente con la gestión de la base de datos. Esto va desde otros profesionales que necesitan acceder a la base de datos (por ejemplo, programadores, analistas de sistemas) a otros usuarios comunes (tales como gerentes, profesionales de las finanzas y similares) que manipulan la base de datos, ya sea directamente (a través de una interfaz de nivel alto) o indirectamente (a través de una aplicación que tiene acceso a la base de datos).

Modelo Conceptual de Bases de Datos

El modelo conceptual es el primer modelo desarrollado para crear una base de datos. Su objetivo es esbozar la estructura de la base de datos sin preocuparse por como es su estructura. Hay varias formas de crear este modelo si bien el más utilizado por los desarrolladores de bases de datos es el modelo Entidad-Relación (MER), desarrollado en los EE.UU. por Peter Pin-Shan Chen y presentado al público en 1975. La idea básica de este modelo es abstraer problemas del mundo real, la conversión de los seres, los acontecimientos y las cosas en entidades y el establecimiento de vínculos entre estas (lo que llamamos relación).

Modelo Entidad-Relación (MER)

Para crear el MER, seguimos los siguientes pasos:

1. Se define el problema a resolver por la base de datos: entender para que se utilizará la base de datos. Por ejemplo, imaginemos que la necesidad de nuestra base de datos es almacenar los datos de las compras de los clientes de un supermercado.

2. Dividir el problema en entidades: si entendemos cual es la necesidad que debe resolver la creación de la base de datos, ahora debemos establecer las entidades que formarán parte de nuestra base de datos. Llame tipo de entidad, a un conjunto de elementos con las mismas características. **Para cada tipo de entidad debe hacer una representación con un rectángulo y el nombre del**

tipo de entidad en el centro. Sobre la base de nuestro ejemplo, en el supermercado, podemos ver dos tipos principales de entidades: clientes y compras. Lógicamente, estamos trabajando con una muestra de sólo dos entidades: una base de datos común tiene varias entidades relacionadas.

3. Determinar los atributos de cada entidad: nombrar cada tipo de atributo característico que nos interesa almacenar para cada tipo de entidad. Esto significa que queremos determinar qué información necesitamos de cada tipo de entidad, descartando los que no son convenientes. Utilizamos óvalos con el nombre de cada atributo en el centro, conectados a la entidad con los que se relaciona. En nuestro ejemplo, ¿que nos puede interesar del cliente? Por ejemplo, vamos a elegir el nombre y el DNI. De la compra, vamos a elegir el producto, el valor del producto y el valor de la compra. Cada valor diferenciado que tenemos dentro de un tipo se llama atributo.

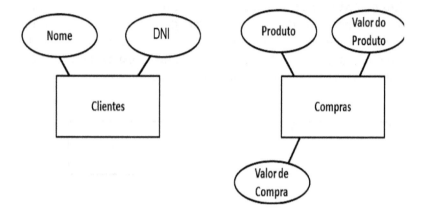

4. Determinar el identificador: después de determinar los atributos, debemos elegir un atributo clave. Clave significa que este campo se utiliza para diferenciar los datos de un mismo tipo de entidad. Para determinar el atributo clave, en general, se elije uno ya existente que sabemos que nunca se repetirá. Si no es así, podemos crear un nuevo campo con este propósito. Dentro de nuestro modelo, sabemos que el DNI puede ser un atributo clave, ya que es un valor único para cada cliente. Sin embargo, en el valor de la compra, puede haber valores repetidos. En este caso, se puede crear un nuevo campo (llamémoslo Código de Compra) que siempre va a ser diferente para cada compra.

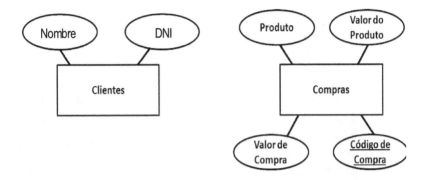

5. Establecer las relaciones: una relación es lo que hace la conexión entre dos entidades. Generalmente, se representa por una acción, que se coloca en el centro de un diamante. En nuestro ejemplo, un cliente compra. Por lo tanto, la relación entre el cliente y la venta es "HACER".

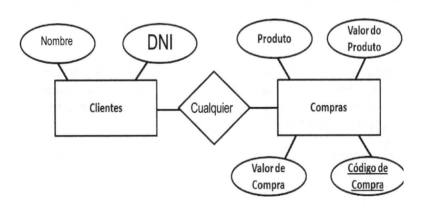

6. Establecer la cardinalidad de cada relación: cardinalidad es como es una relación entre dos tablas. Se definen dos tipos de cardinalidad:

- **Cardinalidad mínima** - Dice si la relación es obligatoria o no. Si un elemento es obligatorio en la relación, debe haber un 1 a su lado. Si no se necesita el elemento, marque 0 a su lado.
- **Cardinalidad máxima** - Establece las relaciones máximas que las entidades puedan tener. Si un elemento puede tener como máximo una ocurrencia en una relación, trazar a su lado un 1. Si un elemento puede tener varias ocurrencias en una relación, trazar a su lado N.

En nuestro ejemplo, primero definimos la cardinalidad mínima: ¿un cliente debe tener una compra obligatoria registrada? Probablemente no. Así que en ir de compras, esta relación tiene un valor 0 en este sentido. Pero, sin embargo, cada compra debe tener un cliente: esto significa que los clientes reciben el valor 1.

Luego veremos la cardinalidad máxima: un cliente puede hacer una o más compras. Por lo tanto, las compras recibirán la cardinalidad máxima N, pero los clientes recibirán la cardinalidad 1.

Así que ponga de lado del cliente 1.1 y en la próxima compra 0 a N.

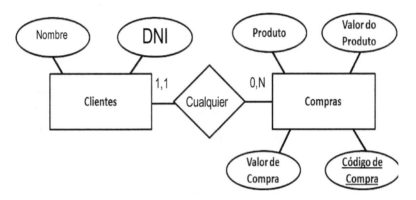

7. Refinar el modelo y eliminar elementos innecesarios: hasta ahora no nos hemos preocupado acerca de los aspectos logísticos (por ejemplo, las compras de la entidad sólo tienen un campo de producto y valor del producto. Pero ¿y si el cliente quiere comprar más de un artículo?). Sin embargo, podemos perfeccionar nuestro modelo conceptual: asegurar que no hay entidades, relaciones o atributos innecesarios o lo contrario. El MER tiene varias características para mejorar la creación y el despliegue de una base de datos, pero en este libro, lo que se ha aprendido hasta ahora es suficiente para nuestros propósitos.

INGENIERÍA DE BASES DE DATOS

La ingeniería de Bases de datos trata de la construcción de la base de datos y los aspectos relacionados. Aunque algunas personas quieran "ponerse manos a la obra" y directamente, construir una base de datos, esto exige una cuidadosa planificación, ya que los errores y desajustes en las bases de datos pueden traer problemas inmediatos o futuros de difícil solución. Un análisis más detallado muestra que el proceso de ingeniería de base de datos es similar al proceso de ingeniería de software.

Muchas de las acciones relacionadas con la Ingeniería de bases de datos son las acciones que se pueden realizar mecánicamente, pero hay varias herramientas para facilitar la vida del desarrollador y administrador de la base de datos. Estas herramientas se conocen como herramientas CASE (Computer-Aided Software Engineering). A medida que avanzamos en nuestros estudios relacionados con las bases de datos, nos encontramos con varias herramientas que están diseñadas para ayudar en cada paso, y que también ayudan a entender los aspectos teóricos.

Pasos a poner en práctica para crear una base de datos:

- **Implementar un sistema de documentación y una metodología de trabajo y desarrollo:** en el desarrollo de cualquier cosa, el primer paso debe ser el establecimiento de un sistema de documentación que sirva para orientar todo el proyecto, incluyendo una metodología y desarrollo. Metodología implica ser dueño de procesos transparentes y bien definidos y científicos para ejecutar cada acción propuesta, como disponer de medios para detectar los fallos y errores en el proceso y la aplicación de una corrección rápida.

- **Establecer el propósito de la base de datos:** establecer la necesidad inicial de la aplicación de la base de datos y el tipo de base de datos que se utilizará en el caso.
- **Determinar la fuerza de trabajo, los recursos que se utilizarán y los horarios de trabajo:** sobre la base de los dos primeros pasos, se puede estimar el personal necesario para llevar a cabo el desarrollo, más allá de los recursos financieros y tecnológicos que se utilizarán. En base a esto, se puede establecer una línea de tiempo para determinar los plazos para cada acción a realizar.
- **Análisis de Requisitos:** recopilar los datos necesarios para construir la base de datos, con la participación de los casos de uso, los datos que se almacenen, la necesidad de acceso y el tiempo de conversión, las necesidades humanas y las necesidades técnicas. Determinar el principal problema a resolver y los sub-problemas, descartando lo que no es necesario.
- **Modelo conceptual:** especificaciones de conversión en diagramas (modelado de datos). En este caso, hacemos una abstracción de la información obtenida. El método principal es el uso de MER.
- **Modelo lógico:** conversión de diagramas en diagramas lógicos (mapeo), la determinación de las relaciones y reglas que operan en cada relación. En esta etapa se realiza la conversión del MER a un modelo que facilita la conversión a la base de datos especificada. En esta etapa se realiza la normalización, la cual consiste en la aplicación de varias reglas lógicas para optimizar el sistema a ser desarrollado.

- **Diseño físico:** la conversión a las necesidades específicas de la aplicación.
- **Desarrollo:** la creación de la estructura de la base de datos.
- **Verificación y Validación:** Las pruebas que se realizan en la base de datos, para solucionar los posibles errores y el análisis de la interacción de los usuarios con el sistema. Basándose en los resultados, propondremos nuevas soluciones y correcciones para optimizar el sistema en cuestión.
- **Mantenimiento:** consiste en analizar cómo funciona el sistema de manera continua y realizar correcciones, actualizaciones y cambios (hardware, software, o personal) que se consideren necesarios.

Pasos que se deben realizar al asumir una base de datos existente

- **Compruebe la base de datos (versión del modelo):** es decir, comprobar cual es la versión existente y cuáles son las aplicaciones que acceden a la base de datos de la organización.
- **Compruebe la documentación y el impacto en la organización:** es decir, comprobar si existe algún tipo de documentación (que es mínimo) que describa la estructura de la base de datos. También debe comprobar la importancia de la base de datos en la organización.
- **La comprensión de la estructura de la base de datos.**
- **Compruebe las posibilidades de cambio y la migración.**
- Adoptar las técnicas de "Pasos a implementar para crear una base de datos.

Modelo Lógico

El modelo lógico es el nombre dado a los procesos que convierten un modelo conceptual en un modelo más técnico y adecuado para su posterior conversión en la base de datos en sí. Cada tipo de bases de datos tiene su tipo de modelo lógico.

En general, para componer el modelo lógico de una base de datos relacional, se utiliza el proceso de normalización, que es un conjunto de reglas para determinar la construcción correcta de la base de datos. A medida que organizamos los pasos para construir el modelo lógico, explicaremos las reglas de normalización. Para componer la estructura lógica en MySQL, hay una herramienta CASE recomendado para modelar la lógica de que es MySQL Workbench.

Logical Project (Modelo Relacional)
Para hacer la conversión del modelo conceptual al modelo lógico, haremos los siguientes pasos:

1. **Las entidades Mer son convertidas en tablas con los nombres de los atributos y sus tipos:** un formato de tabla en el modelo lógico es como sigue:

En la parte superior, se incluye el nombre de la tabla. En la parte inferior de los nombres de los campos y se insertan sus tipos. En general, convertimos el nombre de tabla y el nombre del campo en un formato amigable para el equipo. Esto significa que:

- Los nombres no tendrán espacios.
- Los nombres comenzarán con las letras.
- Los nombres pueden tener letras y números en su cuerpo. No use caracteres especiales para crear el nombre, excepto la barra inferior (_).

El tipo de un campo se limita a los tipos de datos que se pueden introducir en este campo. Los principales tipos son:

- **INT:** acepta datos de tipo entero (por ejemplo, 1, 2, 834, 2342, -674).
- **DOUBLE:** acepta datos con decimales.
- **MONEY:** acepta datos con formato moneda.
- **CHAR ():** acepta datos de tipo texto (letras y números). Dentro de los paréntesis debe ser colocado el número máximo de caracteres que lleva el campo.

- **VARCHAR ()** acepta datos de tipo texto (letras y números). Dentro de los paréntesis se debe colocar el número máximo de caracteres que lleva el campo. Cuando establecemos un límite para CHAR, él separará la cantidad de bits de acuerdo a este límite, independientemente de que todos los caracteres se utilicen o no. VARCHAR utiliza sólo la cantidad de bits de acuerdo con los caracteres utilizados. Sin embargo, como VARCHAR usa dos bits de control extra, se recomienda el uso de VARCHAR sólo si no se puede establecer un límite fijo en la cantidad de caracteres que se pueden insertar.
- **DATE:** acepta datos con formato fecha.
- **TIME:** acepta datos con formato hora.
- **BOOL:** acepta el tipo booleano de datos, es decir, con sólo dos valores posibles.

Si queremos que un campo sea obligatorio (es decir, sea obligatorio introducir datos en este campo), se coloca delante de tipo de campo NN (NN significa NO NULL). De este modo, en nuestro ejemplo clientes y compras asumen la siguiente forma:

Clientes	Compras
Nombre VARCHAR(60) NN DNI CHAR(11) NN	Producto VARCHAR(60) NN Valor_Producto MONEY NN Valor_Compra MONEY NN Codigo_Compra INT NN

2. Para los campos que son los identificadores o claves, ponemos PK (PRIMARY KEY) delante de su tipo: clave principal es el nombre que damos al campo que será único para cada registro. Para facilitar la visualización, coloque los campos que son claves principales en la primera posición de la tabla:

Clientes	Compras
DNI CHAR(11) NN Nombre VARCHAR(60) NN	Codigo_Compra INT NN (PK) Producto VARCHAR(60) NN Valor_Producto MONEY NN Valor_Compra MONEY NN

3. Convertimos las relaciones en las gráficas correspondientes: es decir, en el modelo lógico, al convertir las relaciones debemos establecer como se produce la interacción entre las tablas. Cambiamos el diamante por la línea simple, y convertimos los valores 0 a O, 1 a | y N a $\lessdot$.

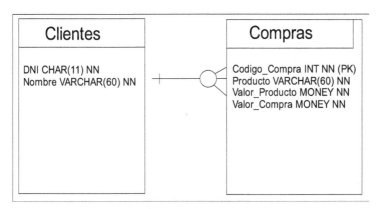

4. Creamos la clave externa (FK): la clave externa o foránea es el nombre dado a un campo de la tabla que se enlaza a la clave principal de otra tabla. Significa que cuando la clave principal de una tabla y la clave externa de la otra tabla son iguales, las tablas pueden ser unidas. Sin las claves foráneas las tablas se aíslan en sí y no tienen conexión. En general, para crear una clave externa, copiamos el nombre y el tipo de la clave primaria y la marcamos como clave externa de otra tabla con FK (clave externa de). (Una clave externa puede tener un nombre diferente de la clave principal de la otra tabla, pero el tipo tiene que ser siempre el mismo). Otros factores que deben ser considerados:

- Cuando se agrega o cambia en la tabla que tiene la clave externa de una fila, el valor de clave externa debe existir en la clave principal de la tabla principal, si no la inclusión no se puede realizar.

- Si cualquier fila de datos se elimina de la tabla principal, el registro en la tabla con la clave externa también debe ser excluido, pero se devuelve el error.

Por lo tanto, sabemos que un cliente no tiene por qué tener una compra, pero una compra siempre tiene que tener un cliente. Por lo tanto, la clave externa debe estar en la tabla de la compra, y debe estar relacionado con la clave del Cliente.

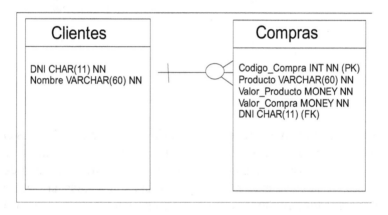

5. Eliminamos campos repetidos (es decir, pueden tener más de un valor), colocándolos en una tabla diferente: Esto significa que cuando hay una relación de valores de N-1 y N en la tabla, puede asumir simultáneamente más de un valor al mismo tiempo, con lo que creamos una tabla separada para estos campos.

En nuestro caso, un cliente para hacer una compra puede elegir muchos productos. Por lo tanto, se recomienda que los valores relacionados con los productos se coloquen en una tabla independiente. Sin embargo, la relación entre la compra y los productos se convierte en una relación NN, que requiere la creación de una entidad asociativa que es el caso de artículos para comprar.

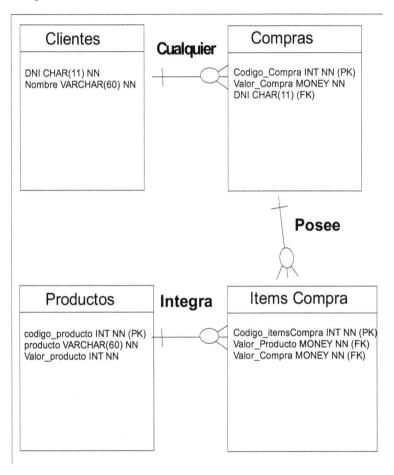

6. No mezcle los sujetos en una tabla: Esto significa que una tabla debe contener sólo lo relacionado con el asunto (título) de los datos de la tabla. En este caso, nos encontramos con que no hay campos innecesarios y ajustamos para que cada campo este organizado donde es conveniente.

7. Todos los elementos de una tabla dependen de la clave: directamente relacionada con el tema anterior, todos los campos de una tabla deben confiar únicamente en la clave principal de la tabla en que se encuentran. Si esto no ocurre, probablemente el campo en cuestión no es relevante para el tema de la tabla.

Usando MySQL

MySQL es una base de datos relacional que utiliza el lenguaje SQL (Structured Query Language Lenguaje de Consulta Estructurado-). Se trata de un SBD de código abierto, lanzado en 1995, que más tarde fue adquirido por Sun Microsystems en 2008 (más tarde, en 2009, Oracle compró Sun).

SQL es el nombre de un lenguaje desarrollado para la formulación de búsquedas en bases de datos. Surgió a principios de los años 70, y se basa en el idioma Inglés para nombrar sus comandos, y actualmente está estandarizado por el lenguaje ISO y ANSI. Actualmente, la mayoría de SBD relacional y otros formatos tratan de seguir el estándar SQL para formalizar sus consultas, aunque cada empresa que usa el lenguaje lo adapta a sus necesidades, lo que significa que si está aprendiendo MySQL, usted puede aprender a utilizar Oracle o MS SQL Server, pero no sin una revisión de su formación anterior.

Instalación y uso de MySQL

Estos son los pasos para la instalación de MySQL:

1. Acceda a la dirección http://www.mysql.com/downloads/ y haga clic en el **Centro de la Comunidad MySQL**.
2. Elija la versión adecuada de acuerdo a su sistema operativo.
3. En la siguiente página, haga clic en **No thanks, just take me to the downloads**!
4. Elija el *mirror* conveniente haciendo clic en http del *mirror* apropiado y realice la descarga.

5. Haga la instalación por defecto. Al final del proceso se le pedirá que configure MySQL.
6. Siga la configuración predeterminada, y cambie la configuración de la contraseña de root a una que sea conveniente.
7. Finalice la instalación.

Acceso a MySQL en Windows

Hay varias interfaces gráficas y software útil para usar MySQL (como por ejemplo, la PHPMyAdmin). De forma predeterminada, el acceso a MySQL se realiza a través del MySQL Command Line Client, que se puede ejecutar desde Inicio -> Programas -> MySQL-> Comando MySQL Line Client. Al ejecutarlo le pedirá la contraseña de instalación indicada. Después de entrar en el sistema, los comandos SQL se pueden ejecutar.

Instalación

Algunas instalaciones de servidor Apache tienen una versión de MySQL que se puede instalar en conjunto con el servidor (para minimizar la molestia de la configuración de servidores de páginas web). En estos casos, en general, la manipulación de MySQL a través de otra interfaz distinta de PHPMyAdmin, y la instalación y el uso de MySQL son extremadamente fáciles. Ejemplos de paquetes que integran estas soluciones son:

- EasyPHP
- WAMP Servidor

- XAMPP

DATA DEFINITION LANGUAGE EN MYSQL

DDL (Data Definition Language) es el nombre dado a los comandos SQL que se utilizan para crear y modificar tablas. A diferencia de DML, los comandos DDL de la función no manipulan los datos en sí, sino la estructura de las tablas en las que se almacenan los datos.

Para ayudar a nuestros estudios, utilizamos dos símbolos (no pertenecen a SQL), que facilitarán la comprensión:

- # Significa que se debe introducir ENTER
- [] Significa que lo que está entre los corchetes es opcional.

Creación de la tabla

La creación de una tabla debe hacer obedecer las normas establecidas en el modelo lógico. Todas las tablas y relaciones se deben crear utilizando el comando CREATE TABLE. La sintaxis básica para la creación de una tabla es la siguiente:

CREATE **TABLE tbl_name**

(

tipo_1 nombre_campo_1,

tipo_2 nombre_campo_2,

[...]

nombre_campo_n tipo_n,

PRIMARY **KEY (campo_x, ...),**

Vamos a entender esta sintaxis:

El comando inicial CREATE TABLE es seguido por el nombre de la tabla y el paréntesis según lo establecido por el desarrollador. El nombre de tabla debe comenzar con letras y no puede incluir caracteres especiales excepto _ (guión bajo).

En el marco de CREATE TABLE, primero declaramos los campos que componen la tabla. Cada campo debe tener un nombre (que debe ser iniciado con letra y no puede contener caracteres especiales excepto _ (guión bajo)), seguido por el tipo de campo. El tipo de un campo limita los tipos de datos que se pueden introducir en este campo. Los principales tipos son:

- INT: asume valores numéricos enteros.
- REAL: el campo tiene valores con decimales.
- MONEY: el campo toma el valor como moneda.
- CHAR (): el campo puede tener letras y números. El valor entre paréntesis es el número máximo de caracteres que admite.
- VARCHAR (): el campo puede tener letras y números. El valor entre paréntesis es el número máximo de caracteres que admite.
- DATE: el campo puede tener los valores de los datos con formato fecha (mediante, AAAA-MM-DD predeterminada).
- TIME: el campo puede tener valores con formato de tiempo (por defecto, HH: MM: SS).
- BOOL: el campo puede tomar dos valores.

Si el desarrollador desea que un campo sea obligatorio (es decir, su cumplimentación sea obligatoria) debe insertar en la parte delantera del tipo NOT NULL. Si no se requiere el campo, no hay necesidad.

Si el desarrollador desea que un campo sea incremental (es decir, que añada 1 para cada nuevo dato insertado), inserte AUTO_INCREMENT frente al tipo de campo.

El comando

*PRIMARY **KEY (nombre campo1 [, campo2 nombre,] ...);***

establece la clave principal de la tabla. El nombre que se encuentra dentro de los paréntesis es el campo que se va a utilizar como clave primaria.

El comando

*CHECK **Nombre_Campo IN (valor1 [, valor2, ...]);***

es opcional y requiere que un campo tenga sólo los valores que se indican. Después de CHECK debe colocarse el nombre del campo y luego debe establecerse los valores que se aceptarán por el campo.

El comando

*FOREIGN **KEY (Campo1, Campo2, Campo3 ..) REFERENCES Nombre_Tabla2 (Nombre_Clave);***

es opcional y especifica la clave externa que sirve como enlace a otra tabla. Después de la orden FOREIGN KEY se debe colocar el campo de tabla que se conectará a otra tabla. Después de REFERENCES se pone el nombre de la tabla que debe ser el vínculo y a continuación Nombre_Clave, es el nombre de la clave principal de la tabla a la que se hace referencia.

A continuación, vamos a crear las tablas de nuestro modelo lógico anterior. Las tablas deben ser creadas en función del orden entre las tablas, es decir, primero deben ser creadas las tablas que no tienen claves externas y luego las tablas que dependan de las primeras tablas creadas.

CREATE **TABLE Clientes**

(

DNI CHAR (11) NOT NULL,

Nombre VARCHAR (60) NOT NULL,

PRIMARY **KEY (DNI));**

CREATE **TABLE Productos**

(

CodigoProducto INT NOT NULL,

Producto VARCHAR (60) NOT NULL,

Valor_Produto MONEY NO NULL,

PRIMARY **KEY (CodigoProducto));**

CREATE **TABLE Compra**

(

Codigo_de_Compra INT NOT NULL,

Valor_Compra MONEY NO NULL,

DNI CHAR (11) NOT NULL,

PRIMARY **KEY (Codigo_de_Compra)**

FOREIGN **KEY (DNI) REFERENCES Clientes (DNI_Clientes));**

CREATE **TABLE ItemsCompra**

(

Codigo_ItemsCompra INT NOT NULL,

CodigoProducto INT NOT NULL,

Codigo_de_Compra INT NOT NULL,

PRIMARY **KEY (Codigo_ItemsCompra)**

FOREIGN **KEY (CodigoProducto) REFERENCES Productos (CodigoProducto_Productos)**

FOREING KEY **(Codigo_de_Compra) REFERENCES Compra (Codigo_de_Compra_Compra)); #**

Cambiar una tabla

Si una tabla se ha creado, se puede variar de acuerdo a la estructura de su conveniencia:

ALTER **TABLE tbl_nombre**

[Operación nombre_campo Nueva_regla]; #

Después de ALTER TABLE ponga el nombre de la tabla a cambiar, a continuación se debe introducir y seleccionar la operación a realizar sobre la tabla. La operación debe ser:

- ADD: Añade un campo nuevo.
- MODIFY: Cambia la estructura de un campo existente, es decir, el tipo o el tamaño.
- DROP: Elimina un campo existente.

El campo de ADD se puede utilizar para insertar un nuevo campo (en el campo de tipo de formato), una clave principal, una clave externa o un campo de comprobación, obedeciendo su sintaxis como se ha indicado previamente. El campo MODIFY puede ser utilizado para modificar un campo existente.

Por ejemplo, supongamos que queremos incluir un campo denominado edad en la tabla Clientes que creó anteriormente.

ALTER **TABLE Clientes**

ADD **INT Edad; #**

Supongamos que queremos cambiar el tipo del campo DNI de la tabla Clientes a INT en lugar de CHAR (11).

ALTER **TABLE Clientes**

MODIFY DNI INT; #

Si un campo se va a insertar antes o después un campo particular de nuestra tabla, utilice la siguiente sintaxis:

ALTER **TABLE tbl_nombre**

ADD **Nombre_campo Nueva_regla [FIRST o AFTER] Campo_Determinado; #**

Si, por ejemplo, queremos poner un campo llamado Edad en la primera posición, podemos usar el comando:

ALTER TABLE Clientes

ADD Edad INT FIRST DNI; #

También podríamos hacer una orden para poner el campo Edad después del campo DNI. Debería escribirse como:

ALTER TABLE Clientes

ADD Edad INT AFTER DNI; #

Eliminar una tabla

Podemos eliminar cualquier tabla dentro de una base de datos. La sintaxis de esta operación es:

DROP TABLE tbl_nombre; #

Sin embargo, tenemos que comprobar la eliminación de una tabla si esta tiene relaciones con otras tablas, ya que en ese caso el SBD devuelve un error. En caso de ser realmente necesario eliminar una tabla, debe realizar los cambios necesarios en todas las tablas relacionadas. También se debe comprobar si la tabla que desea eliminar tiene datos registrados.

En nuestro ejemplo, sólo se pudieron eliminar las tablas de clientes y productos, antes de que se excluyeran las tablas que dependen de estas tablas. Por lo tanto, hay un orden adecuado para eliminar las tablas.

Manipulación de datos en MySQL

Los comandos DML (Lenguaje de Manipulación de Datos o Data Manipulation Language) es el conjunto de comandos que manipulan los datos de una base de datos. Así, estos comandos no manipulan la estructura de una base, sino los datos que se almacenan en estas estructuras. Aquí mantenemos las convenciones de código que no pertenecen a SQL:

- # Significa que debe hacerse click en el botón ENTER.
- [] Significa que lo que está entre los corchetes es opcional.

Entrada de datos

Este comando permite introducir datos en una base de datos, y su sintaxis es:

INSERT **INTO nombre_tabla [(Campo1, Campo2, Campo3, ...)]**

VALUES **(Valor1, valor2, Valor3, ...); #**

Después de INSERT INTO hay que poner el nombre de la tabla en donde desea hacer la inserción. Después del nombre de la tabla, ponga el nombre de los campos en los que se insertan los datos. No hay necesidad de poner el nombre del campo en el que se produce la inserción si todos están en el orden en que se estructura la tabla. Después del comando VALUES se ponen los valores que desee insertar en la tabla separados por comas, los datos de tipo numérico se pueden colocar directamente y los de texto se deben introducir entre comillas simples.

En la estructura que hemos creado en el apartado anterior, podemos insertar los valores que queremos. Por ejemplo, registramos dos clientes en la tabla Clientes:

INSERT **INTO clientes VALUES ('11111111111 ',' Juan '); #**

INSERT **INTO clientes VALUES ('22222222222 ',' Maria '); #**

Ahora vamos a insertar dos productos de la tabla Productos:

INSERT **INTO Productos VALUES (1, 'Lápiz', doce y cincuenta), #**

INSERT **INTO Productos VALUES (2, 'Lápiz', doce y veinticinco); #**

Ahora podemos insertar el valor en la tabla de la compra. Es importante tener en cuenta que en el campo DNI se debe insertar un valor que ya existe en la tabla de cliente. Así si lo que necesitamos saber es quién está comprando, sólo necesitamos ver la clave principal de la tabla Clientes.

INSERT **INTO Compra VALUES (1, 100.00, '11111111111 '); #**

INSERT **INTO Compra VALUES (2, 25.00, '11111111111 '); #**

Por último, se introducen datos en la tabla ItemsCompra. Como se trata de una tabla asociativa, deben existir los campos Codigo-Producto y Codigo_de_Compra en las tablas a las que usted se refiere. En la visualización de los datos introducidos a continuación, vemos que son parte de la misma compra:

INSERT **INTO ItemsCompra VALUES (1, 1, 1); #**

INSERT **INTO ItemsCompra VALUES (2, 2, 1); #**

Si desea introducir varios valores en una sola tabla, no hay que repetir la instrucción INSERT INTO. Puede hacerlo de la forma que sigue:

INSERT **INTO Clientes VALUES ('33333333333 ',' Peter '), ('44444444444', 'Mateo'); #**

Modificación de Datos

Este comando permite cambiar los datos existentes en una base de datos. Su sintaxis es:

UPDATE **Tbl_nombre**

SET **columna_que_se_actualizará = valor_actualizado**

[WHERE **condición]; #**

Este comando se puede utilizar sin el WHERE. En ese caso, se modifican todos los datos en la tabla. Sin embargo, si queremos que sólo los datos que cumplan una determinada condición cambien tenemos que utilizar la cláusula WHERE, con las condiciones que se deben considerar. Es importante destacar que, dos o más condiciones se pueden combinar usando las cláusulas AND y OR.

Por ejemplo, supongamos que queremos cambiar todos los nombres de la tabla Clientes para que sean Mario. El comando es:

UPDATE **Clientes**

*SET **Nombre**= **'Mario'; #***

Pero si queremos cambiar a "Mario" sólo los clientes con el nombre de Pedro, el comando es:

*UPDATE **Clientes***

*SET **Nombre**= **'Mario'***

*WHERE **Nombre**= 'Pedro', #*

El resto de los clientes no tendrán que cambiar sus nombres.

Eliminación de datos

En SQL, para eliminar los datos de una tabla dada, utilice la siguiente sintaxis:

*DELETE FROM **Tbl_nombre***

*[WHERE **condicion]; #***

Este comando, como el anterior puede utilizarse sin el WHERE. En ese caso, se eliminarán todas las filas de la tabla especificada. Podemos usar WHERE cuando queremos eliminar sólo los registros que cumplan una determinada condición.

Si usamos el comando

*DELETE **FROM Productos; #***

todos los datos se borrarán de la tabla Productos. Pero si sólo queremos eliminar los productos que tienen un valor igual a 0,50, la sintaxis sería:

DELETE **FROM Productos**

WHERE **Valor_Produto = 0,50; #**

Más sobre condiciones

Hemos visto por encima que el comando WHERE es un comando que permite establecer las condiciones para que un procesamiento en particular pueda ser ejecutado. Así como en los lenguajes de programación, cuando la condición se cumple se realiza la operación. Los principales operadores son:

= : Igual

<> : Distinto

> : Mayor que

< :   Menor de

> = : Mayor o igual a

<= : Menor o igual a

AND : y

OR : o

NOT : no

Vamos a utilizar el mismo comando, por ejemplo, en

DELETE **FROM Productos**

WHERE **Valor_Produto = 0,50; #**

Podemos, en lugar de = utilizar otro operador, como por ejemplo,

DELETE **FROM Productos**

WHERE **Valor_Produto < 0,50; #**

En este caso, solo serían eliminarían los productos cuyos valores sean menores a 0,50.

En el caso de los tres últimos operadores, se utilizan generalmente para unir condiciones y obedecen a la lógica de proposiciones. Por ejemplo, si utilizamos el comando:

DELETE **FROM Productos**

WHERE **Valor_Produto <0,50**

OR **Valor_Produto> 10; #**

Significa que sólo se eliminarán los productos cuyo valor sea inferior a 0,50 O mayor que 10. Es decir, se eliminará cualquier producto que cumpla una de estas condiciones.

Sentencia SELECT en MySQL

En una base de datos, seleccionar datos significa hacer una petición enviando el comando que devolverá la información solicitada, si hubiere datos para ello. Para realizar consultas se utiliza el comando SELECT que es parte de los comandos DML, pero por sus características particulares, se analizará por separado.

La sintaxis básica para llevar a cabo la consulta es:

SELECT **Nombre_ campo**

FROM **Tbl_nombre**

[WHERE **condición]; #**

• Después de SELECT se introducen los campos que desea conocer de la tabla, separados por comas. Si lo que quiere es ver todos los campos de la tabla, se utiliza *.

• Después de FROM, inserte el nombre de la tabla de la que recuperaremos los datos que veremos.

• En WHERE, establecemos las condiciones para filtrar los registros que deben devolverse. Podemos combinar dos o más condiciones con AND y OR, como vimos en la lección anterior.

Tomemos la tabla Clientes creada anteriormente:

DNI	Nombre

11111111111	Juan
22222222222	María
33333333333	Pedro
44444444444	Mateo

Si queremos ver todos los datos utilizamos *:

SELECT *

FROM **Clientes;** #

Si queremos ver sólo el nombre de todos los clientes, utilizamos:

SELECT **Nombre**

FROM **Clientes;** #

Si queremos ver sólo el nombre de cliente que tiene el DNI 44444444444, utilizamos:

SELECT **Nombre**

FROM **Clientes**

WHERE **DNI = '44444444444 ';** #

Ordenación

Podemos ordenar los resultados de una consulta por uno o varios campos de una tabla. El comando que usamos para ello es ORDER BY, y lo podemos usar en modo ascendente (ASC) o descendente (DESC), y se inserta en el código como se muestra a continuación:

SELECT **Nombre_ campo**

FROM **Tbl_nonmbre**

[WHERE **condición**]

[ORDER BY **col_nombre [ASC o DESC]]; #**

Imaginemos que queremos ver todos los datos de nuestros clientes, pero en orden alfabético por el campo Nombre. En este caso, utilice:

SELECT *****

FROM **Clientes**

ORDER BY **Nombre ASC; #**

Agrupamiento

Podemos agrupar los datos mediante el uso de la cláusula GROUP BY. Este comando permite unificar en una sola fila todas las filas seleccionadas que tienen los mismos valores. Su sintaxis es:

SELECT **Nombre_ campo**

FROM **Tbl_nombre**

[WHERE **condición**]

[GROUP BY **Funciones Agregación] #;**

Las funciones de agregado permiten el procesamiento y devuelven un resultado de varias filas de un campo en una tabla. Para ejemplificar el uso de las funciones de agregado, utilizaremos la tabla Productos con datos adicionales:

CodigoProducto	Producto	Valor_del_Producto
1	Pluma	12,50
2	Lápiz	12,25
3	Caucho	1
4	Cuaderno	0,5

SUM

La función SUM permite la suma de un campo numérico. Su sintaxis es:

SELECT **SUM (col_nombre)**

FROM **Tbl_name; #**

En nuestro ejemplo, si queremos sumar, por ejemplo, todos los valores de los productos, utilizaremos:

SELECT **SUM (Valor_del_Producto)**

FROM **Productos; #**

El resultado de la suma es 26,25 (que es la suma del campo Valor_del_Producto). Con un SELECT ordinario, WHERE puede establecer las condiciones tanto para el SUM como para cualquier otra función de agregado. Por ejemplo:

SELECT **SUM (Valor_del_Producto)**

FROM **Productos**

WHERE **Valor_del_Producto <2, #**

En este caso se hace la suma de todos los productos con valor inferior a 2,00. El resultado de la consulta devolverá es de 1,50.

AVG

La función AVG devuelve el valor promedio entre el conjunto de valores de un campo numérico. Su sintaxis es:

SELECT **AVG (col_nombre)**

FROM **Tbl_nombre; #**

En nuestro ejemplo, si ejecutamos el comando

SELECT **AVG (Valor_del_Producto)**

FROM **Productos; #**

el resultado devuelto es 6,5625, que es el valor medio del ámbito en cuestión (26,25 / 4).

COUNT

La función COUNT cuenta la cantidad de datos en un campo determinado. Su sintaxis es:

SELECT **COUNT (col_nombre)**

FROM **Tbl_nombre; #**

En nuestro ejemplo, si ejecutamos el comando

SELECT **COUNT (Valor_del_Producto)**

FROM **Productos; #**

el resultado devuelto será de 4, es decir, hay 4 filas con valores de campo Valor_del_Producto.

MAX

La función MAX devuelve el valor más grande que se encuentra entre los datos de un campo dado. Su sintaxis es:

SELECT **MAX (col_nombre)**

FROM **Tbl_nombre; #**

En nuestro ejemplo, si ejecutamos el comando:

SELECT **MAX (Valor_del_Producto)**

FROM **Productos; #**

El valor devuelto es 12,50, que es el valor más alto disponible en el campo Valor_del_Producto.

MIN

La función MIN devuelve el valor más pequeño encontrado entre los datos de un campo dado. Su sintaxis es:

SELECT **MIN (col_nombre)**

FROM **Tbl_nombre; #**

En nuestro ejemplo, si ejecutamos el comando:

SELECT **MIN (Valor_del_Producto)**

FROM **Productos; #**

El valor devuelto es 0,5, que es el valor más bajo posible en el campo Valor_del_Producto.

DISTINCT

La función DISTINCT no permite que los valores repetidos en la misma columna se devuelvan. Su sintaxis es:

SELECT **DISTINCT (col_nombre)**

FROM **Tbl_nombre; #**

En nuestro ejemplo, imagina que hubo, además de 4 filas, una fila más con el Valor_del_Producto de 12,50. Cuando ejecutamos el comando:

SELECT **DISTINCT (Valor_del_Producto)**

FROM **Productos; #**

se devuelven todos los valores existentes en Valor_del_Producto, pero en el caso de productos con Valor_del_Producto igual a 12,50, se muestra sólo una vez este valor, no dos.

HAVING

Como aprendimos anteriormente utilizamos la cláusula WHERE cuando queremos establecer una condición para el retorno de una sentencia SELECT. Sin embargo, la cláusula WHERE no puede establecer las condiciones para la agregación ya realizada (es decir, condiciones con agregados). En este caso, se utiliza la cláusula HAVING que selecciona filas del grupo después de que grupos y agregados estén hechos (es decir, los que tienen funciones agregadas propias). La sintaxis es:

SELECT **Operación (col_nombre)**

FROM **Tbl_nombre**

[WHERE **Condición**]

[HAVING **Condición para la Agregación**]; #

Un ejemplo de consulta sería:

SELECT **MAX (Valor_del_Producto)**

FROM **Producto**

HAVING **MAX (Valor_del_Producto) <2,00, #**

Uniones en MySQL

En una base de datos podemos crear consultas que traen datos de dos o más tablas a la vez. Los criterios establecidos para la agrupación entre las tablas se llaman unión (*join*).

Unión Producto Cartesiano

Una unión producto cartesiano es la combinación entre dos (o más tablas) que crea una tabla virtual que une los datos de la primera tabla con la clave externa en la segunda tabla. Así que para hacer este tipo de consulta:

- En SELECT, en lugar de usar los nombres de los campos como hemos utilizado hasta ahora, vamos a utilizar *el nombre de la tabla que está en el campo. Nombre del campo.*
- En FROM, vamos a utilizar los nombres de las tablas de las que queremos ver los campos, separados por comas.
- En WHERE las primeras condiciones deben establecer las dependencias entre las tablas que queremos unir. Así esta unión especifica las claves externas que vinculan las tablas.
- Si escribir el nombre de la tabla es laborioso, se puede utilizar un alias para sustituir el nombre de la tabla con un nombre que sea conveniente.

Para nuestro ejemplo, vamos a considerar dos tablas relacionadas llamadas Paciente y Enfermedades.

Pacientes:

Codigo_Paciente (PK)	Nombre	Edad	Cod_Dolencia (FK)
1	Bruno	23	2
2	José	55	1
3	María	75	1

Enfermedades:

Cod_Dolencia (PK)	Nombre
1	Gripe
2	Neumonía
3	Anemia
4	Bulimia

Queremos ver el nombre del paciente y el nombre de la enfermedad que tiene. Para eso debemos tener un campo de la primera tabla y relacionarlo con un campo en la segunda tabla.

SELECT Pacientes.Nombre, Enfermedades
WHERE Pacientes.Cod_Dole.Nombre
FROM Pacientes, Enfermedades ncia = Enfermedades.Cod_Dolencia; #

El resultado obtenido por la consulta es:

Nombre	Nombre
Bruno	Neumonía
José	Gripe
María	Gripe

Cómo llamar a las tablas Pacientes y Enfermedades cada vez que surge la necesidad es agotador, asociaremos a la tabla Pacientes el nombre de PAC y a la tabla Enfermedades el nombre de DOL.

SELECT PAC.Nombre, DOL.Nombre
FROM Pacientes PAC, Enfermedades DOL
WHERE PAC.Cod_Dolencia = DOE.Cod_Dolencia; #

Podemos añadir más condiciones que sean necesarias para nosotros. Por ejemplo:

SELECT PAC.Nombre, DOL.Nombre
FROM Pacientes PAC, Enfermedades DOL
WHERE PAC.Cod_Dolencia = DOE.Cod_Dolencia
AND PAC.Edad <30; #

Esto hará que los resultados sólo sean los nombres de los pacientes y los nombres de las enfermedades, de los pacientes cuya edad sea inferior a 30.

Inner Join (combinación interna)

Una unión interna se caracteriza porque devuelve sólo los datos que cumplen las condiciones de unión, es decir, que las filas de una tabla se refieren a las filas de las otras tablas. Para ello utilizan la cláusula ON, que es similar a la cláusula WHERE. Por lo tanto, la sintaxis es:

SELECT Nombres de los campos
FROM tabla1 INNER JOIN tabla2 ON tabla1.campo = tabla2.campo
[WHERE condición]; #

Es necesario tener un poco de cuidado al combinar columnas con valores nulos (NULL) ya que el valor nulo no se combina con otro valor, u otro valor nulo, excepto cuando se agregan los predicados IS NULL o IS NOT NULL.

Usando nuestro ejemplo anterior, podemos ver el nombre de los Pacientes y sus respectivas Enfermedades:

SELECT Pacientes.Nombre, Enfermedades.Nombree
FROM Pacientes INNER JOIN Enfermedades ON
Pacientes.Cod_Dolencia = Enfermedades.Cod_Dolencia; #

El resultado obtenido por la consulta es:

Nombre	Nombre
Bruno	Neumonía
José	Gripe
María	Gripe

Combinación externa (Outer join)

Una combinación externa es una selección que no requiere que los registros de una tabla tengan registros equivalentes en otra. El registro se guarda en una pseudo-tabla si no existe ningún registro que coincida. Este tipo de unión se subdivide en función de la tabla que admite los registros que no tienen coincidencia: la tabla de la izquierda, la de la derecha o ambas.

Left Outer Join

El resultado de esta selección siempre contiene todos los registros de la tabla izquierda (es decir, la primera tabla que se menciona en la consulta), incluso cuando no hay registros coincidentes en la tabla de la derecha. Por lo tanto, esta selección devuelve todos los valores de la tabla de la izquierda con los valores de la tabla de la derecha correspondiente; cuando no hay ninguna coincidencia devuelve un valor NULL.

SELECT Nombres de los campos
FROM tabla1 LEFT OUTER JOIN tabla2 ON tabla1.campo =
tabla2.campo
[WHERE condiciones]; #

Por ejemplo, queremos ver todas las enfermedades de la tabla Enfermedades, con el nombre de los pacientes relacionados. Vemos que no todos los pacientes tienen enfermedades relacionadas. En estos casos, en lugar de llevar el valor requerido, el sistema devolverá NULL. Entonces:

SELECT Enfermedades.Nombre, Pacientes.Nombre
FROM Enfermedades LEFT OUTER JOIN Pacientes ON
Enfermedades.Cod_Dolencia = Pacientes.Cod_Dolencia; #

Por lo tanto, el resultado es:

Nombre	Nombre
Gripe	Bruno
Gripe	José
Neumonía	María
Anemia	NULL
Bulimia	NULL

Right Outer Join

Esta operación es inversa a la anterior y siempre devuelve todos los registros de la tabla de la derecha (la segunda tabla mencionada en la consulta), incluso si no existe ningún registro coincidente en la tabla a la izquierda. En estos casos, el valor NULL se devuelve cuando no hay correspondencia.

SELECT Nombres de los campos
FROM tabla1 RIGHT OUTER JOIN tabla2 ON tabla1.campo =
tabla2.campo
[WHERE condiciones]; #

Para nuestro ejemplo, vamos a usar la consulta anterior:

SELECT Pacientes.Nombre, Enfermedades.Nombre
FROM Pacientes RIGHT OUTER JOIN Enfermedades ON
Enfermedades.Cod_Dolencia = Pacientes.Cod_Dolencia; #

Nombre	Nombre
Bruno	Gripe

José	Gripe
María	Neumonía
NULL	Anemia
NULL	Bulimia

Full Outer Join

Esta operación muestra todos los datos de las tablas a la izquierda y a la derecha, incluso si carecen de correspondencia en otra tabla. Así, la tabla combinada posee todos los registros de ambas tablas y presenta null para los registros sin valores correspondientes:

SELECT Nombres de los campos
FROM tabla1 FULL OUTER JOIN tabla2 ON tabla1.campo =
tabla2.campo
[WHERE condición]; #

Tópicos en MySQL

A continuación se proporcionan algunos conceptos y comandos importantes para que progrese en su aprendizaje en las bases de datos.

Las subconsultas

Una subconsulta es una consulta SQL anidada dentro de una consulta principal. En general, se utiliza la subconsulta cuando necesitamos información que no puede ser fácilmente obtenida con un WHERE (generalmente dos consultas que se deben ejecutar de forma simultánea en la misma tabla). Por lo tanto, la sub-consulta se establece entre paréntesis y se compara con la consulta principal utilizando los comandos = (igual), <> (distinto), IN o NOT IN, estos dos últimos se utilizan cuando la sub-consulta devuelve más de un resultado.

Considere una tabla llamada Clientes con el código de cliente, nombre, edad, DNI, estado. Queremos ver el DNI de la persona con la mayor de edad en el sistema usando una subconsulta.

*SELECT ***
FROM Clientes
WHERE CodCliente = (SELECT Cod_Cliente FROM Clientes HAVING MAX (Edad) ;);

Operaciones básicas

MySQL puede hacer aritmética básica en cualquier campo que sea numérico. Pueden ser utilizados tanto en el cuerpo de comandos como en WHERE.

Comentarios

MySQL soporta comentarios con el símbolo -. Este símbolo sólo es válido, sin embargo, hasta el final de la línea, lo que requiere al desarrollador ponerlo línea por línea si hace un comentario en varias líneas. Ejemplo:

SELECT * - Seleccionamos a todos los usuarios
FROM Clientes – desde la tabla Clientes
WHERE CodCliente = (SELECT Cod_Cliente FROM Clientes HAVING MAX (Edad) ;);

In y Not In

In y Not In permite en una condición seleccionar una opción entre varias opciones (IN) o no seleccionar ninguna de las opciones (NOT IN). Por ejemplo, imagine que tiene una tabla de atención al cliente con el código de cliente, nombre, edad, DNI y estado y quiere ver los nombres de todos los clientes de los estados SP, MG y ES. La consulta tendría la siguiente forma:

SELECT Nombre
FROM Clientes
WHERE ESTADO IN ('SP', 'MG', 'ES');

Si queremos crear una consulta para ver todos los clientes de esta tabla, menos los clientes de los estados RJ y LD, por ejemplo, utilizaremos:

SELECT Nombre
FROM Clientes
WHERE ESTADO IN ('E', 'RS');

Like y Not Like

Son comandos utilizados para comparar cadenas (en igualdad de condiciones). En el contenido se puede utilizar % como elemento comodín para expresar cero o más caracteres antes o después de la expiración de la comparación.

Considere una tabla llamada Clientes con el código de cliente, nombre, edad, DNI, estado. Queremos ver los usuarios cuyo nombre es igual a Luana.

SELECT Nombre
FROM Clientes
WHERE Nombre LIKE ('Luana');

Ahora queremos ver los clientes cuyo primer nombre es Luana, independientemente del resto del nombre.

SELECT Nombre
FROM Clientes
WHERE Nombre LIKE ('Luana%');

Ahora queremos ver los clientes cuyo primer nombre puede ser cualquiera, pero el apellido es Luana.

SELECT Nombre
FROM Clientes
WHERE Nombre LIKE ('%Luana');

Ahora veremos los clientes en los que el primer nombre y el apellido pueden ser cualquiera, pero debe estar incluido Luana.

SELECT Nombre
FROM Clientes
WHERE Nombre LIKE ('%Luana%');

Between

Permite establecer un intervalo entre dos valores. Así, la instrucción se aplica a todos los elementos que se establecen entre los dos valores.

Considere una tabla denominada Consultas, con Fecha_Consulta, Hora y Nombre Paciente. Queremos ver todos los pacientes que tienen consultas entre el 01-01-2011 y 10-01-2011.

SELECT Nombre_Paciente
FROM Consultas
WHERE Fecha_Consulta BETWEEN '2011-01-01' AND '2011-01-10';

Considere una tabla llamada Clientes con el código de cliente, nombre, edad, DNI, estado. Queremos ver los usuarios cuya edad está entre 18 y 30 años.

SELECT Nombre
FROM Clientes

WHERE edad BETWEEN 18 y 30;

Now()

Contiene la fecha y la hora actual del sistema.

Considere una tabla llamada Consultas con Fecha_Consulta, Hora y Nombre Paciente. Queremos ver todos los pacientes que tienen consulta de aquí a 01/01/2011.

SELECT Nombre_Paciente
FROM Consultas
WHERE Fecha_Consulta BETWEEN '2011-01-01' AND now();

Formato de Fechas

En MySQL podemos cambiar el formato de fecha predeterminado en un formato de fecha adecuado para trabajar en nuestra aplicación. La sintaxis del formato es

DATE_FORMAT (fecha, formato).

 A continuación se muestran los identificadores de formato que se pueden usar:

- % M: nombre del mes (enero... diciembre).
- %m: número del mes
- % W: nombre del día de la semana (domingo... sábado)
- % Y: año de 4 dígitos
- % Y: 2 años dígitos

- % D: día del mes número (00 … 31)
- % E: día del mes número (0 … 31)
- % H: Formato de hora (00 … 23)
- % H: Formato de hora (01 … 12)
- % I: Formato de minutos (00 … 59)
- % S: Formato de segundo (00 … 59)

Considere una tabla llamada Consultas, con Fecha_Consulta, Hora y Nombre Paciente. Queremos ver todos los pacientes que tienen las consultas entre 01/01/2011 y ahora, pero con el formato estándar de nuestro país:

SELECT Nombre_Paciente,
DATE_FORMAT(Fecha_Consulta,'%e %m %Y')
FROM Consultas
WHERE Fecha_Consulta BETWEEN '2011-01-01' AND now();

Tratamiento de Strings

MySQL tiene varios comandos para manejar cadenas. Los principales son:

- **UCASE:** cambia el texto a letras en mayúsculas.

SELECT UCASE (Nombre_Paciente)
FROM Consultas
Data_Consulta DONDE ENTRE '2011-01-01 'Y ahora ();

- **LCASE:** cambia el texto a letras en minúscula.

SELECT LCASE (Nombre_Paciente)
FROM Consultas
WHERE Fecha_Consulta BETWEEN '2011-01-01' AND now();

- **REPLACE:** devuelve una cadena con todos los valores especificados reemplazados.

SELECT REPLACE ('Bases de datos II', 'I', '2 ');
Esta función se puede recombinar con un UPDATE.

Vistas en Bases de datos

Una vista (view) es una consulta almacenada en una base de datos. Se utiliza para que no necesitemos volver a realizar una consulta cada vez que necesitemos el resultado, creándose una tabla virtual que almacena esta información.

Creación de una vista

La sintaxis para crear una vista es la siguiente:
CREATE VIEW Nombre_de_View AS consulta almacenada;

En la consulta almacenada pueden ser incluidas las consultas estándar y las consultas con uniones o funciones. Para invocar una vista lo habitual es utilizar Select.

Por ejemplo, vamos a considerar que tenemos una tabla denominada Clientes con el código de cliente, nombre del cliente, DNI y edad, y queremos crear una consulta que siempre nos muestre el nombre y la edad del cliente.

CREATE VIEW EdadCliente AS SELECT Nombre, Edad FROM Clientes;

Al hacer clic en ENTER, la VISTA se almacenará en el SBD. Para llamar a la vista cuando sea necesario, debemos hacer:

SELECT * FROM EdadCliente;

Actualización de una vista

En general, los valores de una vista se manejan a través de los cambios en sus tablas origen. Cuando se refiere directamente a una vista que se compone de SELECTS simples (es decir, sin agregación) puede recibir UPDATE y DELETE. Una vista con funciones de agregado no puede recibir actualizaciones.

Eliminación de una vista

Para eliminar una vista, sólo tiene que utilizar el comando:

DROP VIEW nombre de la vista;

Procedimientos y funciones en MySQL

Un procedimiento en MySQL designa un conjunto de instrucciones con un nombre, que hace un procesamiento pero no devuelve ningún resultado. Una función es un conjunto de instrucciones que devuelven un resultado. Se recomienda un procedimiento cuando una transformación cerrada debe ser realizada y se recomienda una función cuando una consulta requiere un procesamiento previo. Los procedimientos y funciones pueden contener código SQL común, pero también pueden contar con comandos de control, propios de los lenguajes de programación.

De forma predeterminada, SQL no es un lenguaje de programación normal y ha extendido su poder a través de la utilización de lenguajes de programación específicos. Por ejemplo, PL-SQL para Oracle y Sybase Transact-SQL para SQL Server y. MySQL usa SQL: 2003 para la sintaxis (el mismo utilizado por DB2 de IBM). MySQL en este sentido es mucho más limitado que su compañero de Oracle y SQL Server, pero tiene características que permiten el desarrollo de procesamientos como en lenguajes de programación similares.

En general, creamos estructuras y procedimientos compilados y luego los llamamos, pasando los parámetros de ejecución de código necesarios. Los procedimientos y funciones utilizan las estructuras de control estándar de los lenguajes de programación, los cuales deben ser estudiados para su uso correcto. Se utilizan como las operaciones básicas realizadas en una BD y son los mismos independientemente de los lenguajes de programación que tienen acceso, lo que aumenta el rendimiento y la seguridad de la BD.

Creación de un procedimiento o función

```
CREATE PROCEDURE Nombre Procedimiento (Parámetros)
BEGIN
- Rutinas
END;
```

```
CREATE FUNCTION Nombre (Parámetros tipo) RETURNS Tipo de
retorno
BEGIN
   - Rutinas
   RETURN Valores de retorno;
END;
```

El parámetro es el nombre dado a los valores que transmitimos al procedimiento o a la función para ejecutar y llevar a cabo una acción.

CALL Nombre Procedimiento o función (parámetros);

Como ejemplo de la utilización del procedimiento básico, vamos a hacer un código que muestra al usuario Hello World:

```
CREATE PROCEDURE HelloWorld ()
BEGIN
   SELECT 'Hello World';
END;
```

Al hacer clic en ENTER, el procedimiento será almacenado y puede ser invocado usando el comando:

CALL HelloWorld ();

Un ejemplo de uso de procedimientos con parámetros y una estructura condicional se puede hacer con el siguiente procedimiento, que comprueba a través de un comando IF ... THEN ... ELSE si ciertos campos se ven o no:

```
DELIMITER //
CREATE PROCEDURE DatosCliente(vnombre VARCHAR(60), vDNI
CHAR(11))
BEGIN
   IF ((vnombre != '') &amp;&amp; (vDNI != '')) THEN
      INSERT INTO Cliente (nombre, DNI) VALUES (vnombre, vDNI);
   ELSE
      SELECT 'El Nombre y el DNI deben ser indicados!' AS Msg;
   END IF;
END; //
```

Si queremos ahora introducir valores mediante el procedimiento, sólo tenemos que llamarlo:

```
CALL DatosCliente ('John Doe', 11111111111 ');
```

Ahora un ejemplo de la utilización de funciones. Un comando básico que tome dos notas y devuelva el promedio de ellas:

```
DELIMITER //
CREATE FUNCTION media (n1 FLOAT, n2 FLOAT) RETURNS FLOAT
BEGIN
   DECLARE media FLOAT;
   SET media=(n1+n2)/2;
   RETURN media;
END
; //
```

Un ejemplo básico para el uso de la función podría ser:

SELECT media (10,8.5);

La actualización de un procedimiento o función

ALTER PROCEDURE | FUNCTION Nombre
- Código Modificado

Eliminación de un procedimiento o función

DROP PROCEDURE | FUNCTION [IF EXISTS] Nombre del procedimiento
o función;

Por ejemplo:
DROP PROCEDURE DatosCliente;

Una buena recomendación es utilizar siempre este comando antes de crear una función o procedimiento de manera que no exista ningún conflicto. Por ejemplo:

DROP PROCEDURE IF EXISTS HelloWorld;
CREATE PROCEDURE HelloWorld ()
BEGIN
    SELECT 'Hello World';
END;

COMANDOS DE PROGRAMACIÓN EN MYSQL

La programación en MySQL sigue los mismos elementos aprendidos en la programación lógica y tiene la siguiente estructura:

1. Todo el código, línea por línea debe terminar con un punto y coma (;).
2. Para crear variables dentro del cuerpo del código (entre BEGIN y END) usamos DECLARE nombre_variable tipo_variable;
3. Para asignar un valor a una variable, utilice el comando SET nombre_variable = nuevo_valor;

Comandos de control principales

IF ... ELSE ... END IF;
El comando IF ... ELSE ... END IF; establece una estructura condicional en el que cuando la condición es verdadera, se ejecuta el primer bloque de comandos, sino el segundo bloque.

```
DELIMITER //
CREATE FUNCTION Comparacion (numero1 INT, numero2 INT)
RETURNS VARCHAR(20)
BEGIN
  DECLARE texto VARCHAR(20);
  IF numero1 < numero2 THEN
    SET texto = '<';
  ELSEIF numero1 = numero2 THEN
      SET texto = '=';
```

```
    ELSE
        SET texto = '>;';
    END IF;
    SET texto = CONCAT(numero1, ' ', texto, ' ', numero2);
    RETURN texto;
END // DELIMITER ;
```

WHILE... DO... END WHILE;

La orden While permite que mientras una condición sea
verdadera, el comando se repita.

```
DELIMITER //
CREATE PROCEDURE TestEncuanto()
BEGIN
    DECLARE valor INT;
    SET valor=0;
    WHILE valor &lt; 10 DO
        SELECT 'Hola Mundo' AS Msg;
        SET valor = valor + 1;
    END WHILE;
END //DELIMITER;
```

CASE... WHEN...END CASE;

Implementa un conjunto de condiciones, por lo que es más fácil de
manipular que el IF y ELSE.

```
DELIMITER //
CREATE PROCEDURE EjemploCase(opcion INT)
BEGIN
    CASE opcion
        WHEN 1 THEN SELECT * FROM Clientes;
        WHEN 2 THEN SELECT Nombre, Edad FROM Clientes;
```

```sql
		WHEN 3 THEN SELECT Nombre FROM Clientes;
		ELSE
		SELECT "La opción elegida no es correcta" AS MSG;
	END CASE;
END
//DELIMITER;
```

TRIGGERS

Trigger es el nombre de un conjunto de comandos que se ejecutan antes o después de que se realiza un cambio en una tabla (INSERT, UPDATE y DELETE). Hemos creado un código de disparo que se almacenará en la base de datos y se ejecuta cada vez que se realiza un cambio en la tabla con la que el trigger está vinculado. En general, utilizamos los disparadores para garantizar la coherencia de todos los datos de una tabla después de una operación en particular (por ejemplo, adaptación de los campos clave) o para actualizar múltiples tablas al mismo tiempo, de acuerdo con un cambio realizado en una tabla en particular. No se puede crear un trigger para una vista y no se puede llamar a un disparador solo (por ejemplo, con CALL).

La sintaxis del trigger es:

CREATE TRIGGER nombre del disparador [BEFORE|AFTER] [INSERT|REPLACE| DELETE|UPDATE]

ON Tablaqueserámanipulada [FOR EACH ROW]

BEGIN

- Las definiciones de lo que debe hacer el TRIGGER. Si usted tiene más de una línea se utiliza BEGIN y END.

END;

Un ejemplo de código mediante un disparador o trigger:

```
DELIMITER //

CREATE TRIGGER test BEFORE INSERT

ON Cliente FOR EACH ROW

BEGIN

SET @nombre=NEW.NombreCliente;

IF ((@nombre=' ') OR (CHAR_LENGTH(@nombre)<10) ) THEN

SET NEW.NombreCliente = NULL;

END IF;

END;

// DELIMITER ;
```

En este ejemplo, cada vez que se intenta realizar un INSERT en la tabla de Clientes, el trigger se dispara, asegurando que el nombre del cliente a ser insertado no está vacío o es inferior a 10. Si una de estas condiciones se cumple, lo que se inserta en la tabla de clientes es NULL.

Si queremos cambiar un disparador, utilizamos la sintaxis:

ALTER TRIGGER nombre del disparador [BEFORE|AFTER]
[INSERT|REPLACE| DELETE|UPDATE]

ON Tablaqueserámanipulada [FOR EACH ROW]

BEGIN

- Las definiciones de lo que debe hacer el TRIGGER. Si usted tiene más de una línea se utiliza BEGIN y END.

END;

Para eliminar un desencadenador, utilice la sintaxis:

DROP TRIGGER nombre del disparador;

Operadores NEW y OLD

Dentro de los factores desencadenantes, utilizamos los operadores NEW y OLD para acceder a los campos de una tabla de acuerdo a nuestra necesidad. OLD sirve para acceder a los valores que ya están en la base de datos y NEW sirve para acceder a los valores que se introducen en la base de datos. Por supuesto, el método de gestión de los nuevos y viejos valores varía según el tipo de operación a realizar en la base de datos:

- INSERT: el operador NEW.nombre_columna, nos permite comprobar el valor enviado a insertarse en una columna de una tabla. OLD.nombre_columna no está disponible.

- DELETE: el operador OLD.nombre_columna nos permite comprobar el valor borrado o el valor que desea borrar. NEW.nombre_columna no está disponible.
- UPDATE: tanto OLD.nombre_columna como NEW.nombre_columna están disponibles antes (BEFORE) o después (AFTER) de la actualización de una fila.

Ejemplo:

```
DELIMITER //

CREATE TRIGGER prueba AFTER INSERT 3

ON CLIENTE FOR EACH ROW

BEGIN

IF (NEW.email IS NOT NULL) THEN

INSERT INTO Contacto SET email = NEW.email;

END IF;

END;

// DELIMITER;
```

LAS TRANSACCIONES EN LAS BASES DE DATOS

Transacción es el nombre que se da a la unidad de trabajo (dentro de un procedimiento o función) lógica única, indivisible dentro de un SBD. El código de transacción se crea y esta disponible dentro de un procedimiento o una función: si el proceso no se lleva a cabo al completo será cancelado en su totalidad. Esto se hace para mantener la consistencia de los datos y las operaciones dentro de la base.

Para visualizar la idea de cómo funciona una transacción, podemos imaginar una transferencia bancaria entre dos cuentas: para realizar una transferencia, se retira dinero de una cuenta y es depositado en otra. Si no se produce la retirada o el depósito, todo el proceso de transferencia debe ser abortado.

No todo tipo de tabla en MySQL soporta transacciones. Las tablas de MySQL que soportan esto son InnoDB. Por defecto, este es el tipo de tabla por defecto tras la versión 5.5, pero antes de la versión 5.5, MySQL tenía tablas MyISAM, siendo necesario algún tipo de conversión para el uso de las transacciones. Esta conversión se puede hacer de dos maneras: directamente mediante la creación de tablas de tipo InnoDB o mediante la conversión de una tabla existente.

La conversión de tablas MyISAM a InnoDB

Para crear un tipo de tabla InnoDB, basta con introducir type = innodb después del comando CREATE TABLE, antes del punto y coma final. Por ejemplo:

CREATE TABLE test (
  test_id int (2)
  test_nombre VARCHAR (10))
  TYPE = InnoDB; #

La conversión de una tabla existente se puede hacer usando el comando ALTER TABLE utilizando type = InnoDB;. Por ejemplo, si tenemos una tabla denominada test1 y queremos cambiarla a tipo InnoDB, utilizamos el comando:

ALTER TABLE test1 TYPE = InnoDB;

Trabajando con transacciones

Por defecto, MySQL trabaja con **autocommit=1**, lo que significa que cada comando se ejecuta inmediatamente para ser procesado / grabado, ya sea bien o mal. Para trabajar con transacciones podemos desactivar la ejecución automática mediante el código:

set autocommit=0;

Hay diferentes maneras de escribir una transacción. En este libro vamos a aprender la forma más conocida. La sintaxis es:

START TRANSACTION;
--Comandos
COMMIT | ROLLBACK; - seleccione una opción: Commit o Rollback
El final de la transacción (COMMIT o ROLLBACK) se debe elegir para adaptarse a la conveniencia del desarrollador:

- **COMMIT:** indica el final de una transacción exitosa. El comando le indica al administrador de transacciones que controla la transacción que se ha completado con éxito y que la base de datos está en un estado coherente, permitiendo que todos los cambios de la transacción se hagan permanentes.
- **ROLLBACK:** marca el final de una transacción sin éxito. La orden le dice a las transacciones que los comandos de la operación tenían algún fallo en su aplicación y los cambios realizados por la transacción deben ser deshechos.

Ahora vamos a crear un procedimiento para la transferencia de valores entre cuentas utilizando lo que hemos aprendido acerca de las transacciones. Imaginemos que tenemos una tabla llamada Cliente, que tiene un campo de ID y un campo de saldo. Si realizamos una transferencia, hay que retirar de una cuenta en particular y transferirlo a otra. Si ambas acciones se producen sin problemas, las actualizaciones son permanentes. De lo contrario, no se realizan las acciones.

```
CREATE PROCEDURE transferencia (de_cuenta INT, para_cuenta INT,
valor NUMERIC(10,2))
BEGIN
  START TRANSACTION;
    UPDATE cliente
    SET saldo=saldo-valor
    WHERE cod_cliente=de_cuenta;

    UPDATE cliente
    SET saldo=saldo+valor
    WHERE cod_cliente=para_cuenta;
  COMMIT;
END;
```

Savepoint

El comando SAVEPOINT permite guardar puntos dentro de una transacción. SAVEPOINT permite que la transacción no sea completamente anulada, el procesamiento se cancela sólo en el punto de salvaguarda. Para usar esta función se requieren dos comandos:

SAVEPOINT identificador;

¿Dónde se determina el punto en que la transacción debería parar si se produce un error? El comando siguiente es el que termina el código y le dice a la operación que vuelta al comando anterior:

ROLLBACK TO SAVEPOINT identificador;

Los Índices en MySQL

En una base de datos, la búsqueda de un conjunto de datos puede ser lenta debido a la cantidad de los datos totales del sistema. Esto se debe a que, en general, para buscar algunos datos, el sistema inicia la búsqueda en los primeros datos de la columna y va de uno en uno hasta encontrar los datos adecuados. En este sentido, la mayoría de los SBD proporcionan la indexación de los sistemas de datos para acelerar la búsqueda. La indexación acelera la búsqueda de los campos de consulta que se encuentran en el WHERE, que se utilizan en las uniones o para encontrar valores para las funciones min y max de columnas específicas.
MySQL tiene tres tipos de indexación: PRIMARY, UNIQUE e INDEX.

Crear índices

En general, los índices se crean en el momento de la construcción de las tablas. El primer tipo PRIMARY se refiere a las claves primarias (que son una especie de índice) y que ya hemos creado de la siguiente forma:

```
CREATE TABLE clientes (
    código INT NOT NULL,
    nombre varchar (60) NOT NULL,
    PRIMARY KEY (código));
```

El segundo tipo de índice (UNIQUE) requiere que un campo (clave no primaria) sólo pueda tener un valor específico dentro de la base de datos. Por ejemplo:

```
CREATE TABLE clientes (
    código INT NOT NULL,
    nombre varchar (60) NOT NULL,
    DNI CHAR (11) NOT NULL,
    PRIMARY KEY (código),
    UNIQUE (DNI));
```

El tercer tipo (INDEX) crea un índice usando un campo específico:

```
CREATE TABLE clientes (
    código INT NOT NULL,
    nombre varchar (60) NOT NULL,
    DNI CHAR (11) NOT NULL,
    PRIMARY KEY (código),
    ÍNDICE (DNI));
```

En INDEX cuando los campos son char o varchar sólo puede tener un determinado número de caracteres, en lugar de todo el campo. Por ejemplo:

```
CREATE TABLE clientes (
    código INT NOT NULL,
    nombre varchar (60) NOT NULL,
    DNI CHAR (11) NOT NULL,
    nombre_ma VARCHAR (60) NOT NULL,
    PRIMARY KEY (código),
    UNIQUE (DNI)
    INDEX mae (nombre_ma (10)));
```

sólo obtendrá los primeros 10 caracteres para transformar en índice nombre_ma.

Para crear índices para tablas ya creadas, la sintaxis es:
```
CREATE [UNIQUE|FULLTEXT] INDEX nombre_indice
ON nombre_tabla (campos,...);
```

Índices de campos múltiples

Podemos crear índices con varios campos, pudiendo tener un índice como máximo 15 campos. Por ejemplo:

```
CREATE TABLE Pacientes(
    código INT NOT NULL,
    Nombre VARCHAR (60) NOT NULL,
    Apellidos VARCHAR (30) NOT NULL,
    PRIMARY KEY (código),
    INDEX nombre_completo (Nombre, Apellidos));
```

Se crea un índice que se llamará nombre_completo y que utilizará un límite entre Nombre -> Nombre y Apellidos.

Eliminación de índices

Para eliminar un índice de una tabla, utilice la siguiente sintaxis:

```
DROP INDEX nombre_indice ON tabla;
```

Comandos DCL en MySQL

Los comandos **DCL** (Data Control Language) son un subconjunto del lenguaje SQL que se ocupa de la creación, manipulación, exclusión y control de acceso de usuario a una base de datos. En los comandos de MySQL, Grant y Revoke permiten a los ABD crear usuarios y dar los privilegios necesarios en cada caso.

Creación de los usuarios y la concesión de privilegios en MySQL

La sintaxis básica para crear usuarios y otorgarles privilegios de MySQL es:

GRANT privilegios [columnas]

ON item

TO usuario [IDENTIFIED BY contraseña]

[WITH GRANT OPTION];

La opción de privilegios determina las acciones que un usuario particular puede hacer en una base de datos. Entre los muchos privilegios que se pueden establecer, los principales son (deben ir separados por comas si se utiliza más de uno):

SELECT
INSERT

UPDATE

DELETE

INDEX

ALTER

CREATE

DROP

SHUTDOWN

ALL

La opción Columnas es opcional y especifica la columna (o columnas) que el usuario puede manipular dentro de una tabla de base de datos.

La elección determina la base de datos o las tablas donde el usuario puede tener privilegios. Algunas opciones posibles son:

- *. * : **Los privilegios de usuario serán para todas las bases de datos en el sistema.**
- Nombre Base. * : **Los privilegios son para todas las tablas de una base de datos específica.**
- Nombre Base. Tabla: **El privilegio será para una tabla específica.**
- La opción de usuario determina el nombre del usuario que puede utilizar el sistema.
- La opción de contraseña establece una contraseña que el usuario debe usar para acceder al sistema.
- La opción WITH GRANT OPTION, si se especifica, permite al usuario conceder permisos a otros usuarios.

Los privilegios de MySQL se almacenan en cuatro tablas del sistema que puede ser manipuladas directamente para comodidad del ABD:

mysql.user

mysql.db

mysql.tables_priv

mysql.columns_priv

Eliminación de privilegios de usuario

Para eliminar los privilegios de un usuario, utilice la sintaxis:

REVOKE privilegios [columnas]

ON item

FROM usuario;

Eliminación de usuarios

Podemos eliminar un usuario sin privilegios en el sistema. Para esto verificamos los privilegios del usuario en el sistema y revocamos todos estos privilegios. Después de esto, utilizamos el comando:

DROP USER nombre_usuario;

Backup y Seguridad con MySQL

Backup

Backup (Copia de seguridad) es el nombre que damos a los archivos guardados de un sistema, de manera que podamos recuperar el sistema en su estado más actual si se produce un problema con el mismo. Las bases de datos MySQL se crean automáticamente en la carpeta MySQL y cada base de datos tiene una carpeta específica con archivos de referencia a las tablas creadas. La forma menos sofisticada es copiar los contenidos de estas carpetas en otro sitio conveniente. Sin embargo, como las bases de datos tienen constantes cambios, la copia puede haber tomado numerosas inconsistencias. Puede detener MySQL, sin embargo, en la mayoría de los casos, el SBD no se puede detener en n ningún momento.

Una opción puede ser utilizar la utilidad **mysqldump** que viene con el MySQL ya que accede a la base de datos como haría con cualquier otra aplicación y hace copias consistentes de las tablas, creando un archivo SQL que conforma la base de datos y los datos de la tabla. La sintaxis básica es:

mysqldump [OPCIONES] base de datos [tablas]> SQL

Tenemos muchas opciones para introducir en el comando mysqldump, con el fin de optimizar los datos de las exportaciones y de la estructura, pero los principales son:

- **-u:** usuario.
- **-password [= your_pass]:** contraseña de un usuario.

- **-add-drop-table**: Añade DROP TABLE antes de cada sentencia CREATE TABLE.
- **-A:** descarga todas las bases de datos.
- **X:** guarda en formato XML.
- **-X:** da un bloqueo en las tablas de la base de datos.
- **-P:** contraseña

Ejemplo de comando:
Mysqldump-u root-p-x A-> archivo.sql

Es posible comprimir el archivo generado, agregando gz.:
Mysqldump-u root-p-x-A> archivo.sql.gz

El archivo se puede abrir más tarde con el comando gunzip:
gunzip archivo.sql.gz

Para restaurar una copia de seguridad más tarde, utilizamos el comando mysql:

Mysql-u root-p-base de datos = nombre de la base <sql

Seguridad en MySQL

Para garantizar el correcto funcionamiento de las bases de datos se deben realizar diferentes procedimientos:

- No otorgue a cualquier usuario (que no sea del sistema de ABD) permiso de acceso a las tablas de usuario de MySQL;

- Siempre ofrecer la opción más baja posible para acceder a un usuario en particular. Evitar la creación de usuarios y contraseñas que se rompen fácilmente o permitan el acceso completo al sistema.
- Si el servidor tiene conexión a Internet, invertir en medidas de seguridad, tales como firewall, nunca use los usuarios con contraseñas vacías y nunca almacenar contraseñas y usuarios abiertamente en cualquier ordenador de la red.
- Configure los sistemas que manipulan la base de datos para evitar SQL *Injection*.

Dispositivos de almacenamiento de bases de datos

Los datos que constituyen una base de datos deben ser almacenados en un medio de almacenamiento que permita la manipulación por un SBD, de modo que pueda entrar, manipular y consultar los datos según la conveniencia de las diversas aplicaciones software. Los diseñadores de bases de datos y ABD deben conocer las ventajas y desventajas de cada medio de almacenamiento: en los sistemas que trabajan con pequeñas o medianas bases de datos o donde el acceso es escaso, no es necesario entender las especificaciones físicas para el montaje de un sistema de base de datos, pero con el aumento de la complejidad en el rendimiento y la cantidad de datos, el proceso de diseño físico de bases de datos implica muchas opciones técnicas y herramientas a ser utilizadas.

Soportes de almacenamiento y jerarquía de memoria

El medio de almacenamiento de un dispositivo informático puede organizarse en una jerarquía compuesta por dos categorías básicas:

- **Almacenamiento primario**: en dónde están los medios a los que se puede acceder directamente por la CPU (Central Processing Unit), que incluye la memoria principal y la memoria caché. Los medios de almacenamiento primario son más rápidos, más caros y tienen menos capacidad de almacenamiento que otros niveles de almacenamiento.
- **Almacenamiento secundario y terciario**: estos son los tipos de almacenamiento a los que no se puede acceder

directamente por la CPU e incluyen unidades de disco duro (secundario), unidades de medios extraíbles, discos ópticos y cintas. Estos niveles de almacenamiento son más baratos, tienen menor velocidad de acceso a los datos, pero cuentan con mayor capacidad de almacenamiento.

En un sistema informático, los datos son consultados a lo largo de la jerarquía de memoria, que son llamados por la CPU, según sea necesario. Los datos analizados y procesados en una aplicación deben ser almacenados en los medios de almacenamiento primario, mientras que los datos que no son necesarios en tiempo de procesamiento se almacenarán en los niveles secundario y terciario.

Los principales medios de almacenamiento de datos son:

- **Caché**: Es la más rápida pero también la más cara. Esta es una RAM estática, típicamente utilizada por la CPU para acelerar la ejecución de instrucciones. Esta memoria es pequeña y por lo general el tema de la gestión de almacenamiento en caché no es un tema de importancia en el estudio de las bases de datos.
- **Memoria principal**: este tipo de memoria ofrece espacio para que la CPU puede mantener los programas y datos durante su procesamiento. Se llama la DRAM (RAM dinámica) y aunque puede contener un gran número de datos, es generalmente pequeña como para almacenar una base de datos entera. Como los programas y datos que se ejecutarán trabajan en DRAM, cuando se trabaja con un sistema de bases de datos se carga algunas partes del disco duro para la memoria DRAM para ser utilizados por la CPU. Sin embargo, el contenido de la memoria principal se pueden

perder si se produce un corte de corriente o un fallo del sistema grave (volatidad).

- **Memoria Flash:** difiere de la memoria principal debido a que los datos si sobreviven en caso de fallo de alimentación (es decir, no es volátil). Tiene un alto rendimiento, alta densidad y usa la tecnología de EEPROM (Electrally Erasable Programmable Read-Only Memory). Este tipo de memoria tiene un acceso rápido y en los últimos tiempos, se ha convertido en el principal medio de almacenamiento de los dispositivos del hogar (MP3, televisores, teléfonos móviles, etc.), así como medios de transporte de datos (Flash USB, popularmente conocida como pendrive).

- **Disco magnético:** el principal medio para el almacenamiento de datos durante largos períodos de tiempo. Normalmente las bases de datos se almacenan de esta manera siendo movidos a la memoria principal cuando son necesarios y viceversa. El almacenamiento en disco es una memoria de acceso directo, ya que se pueden leer los datos en el disco en cualquier orden. Los discos pueden fallar pero estos errores ocurren con menos frecuencia que los errores de sistema.

- **Disco óptico:** los datos se almacenan en el disco y se lee ópticamente por láser (por ejemplo, CD-ROM, DVD-ROM, etc.) En general, este tipo de medio se graba una vez y nunca se puede borrar. El acceso a este tipo de almacenamiento es lento y evita múltiples acciones de lectura y escritura en una base de datos pero tiene una duración superior a los discos magnéticos.

- **Cintas magnéticas:** utiliza cintas con material magnético que se cambia por una carga eléctrica, lo que le permite escribir y leer datos. Este tipo de almacenamiento se utiliza principalmente para las copias de seguridad en bases de datos. El acceso de datos es lento debido al hecho de que el acceso a los datos debe hacerse secuencialmente (de acceso secuencial).

Principales medios de almacenamiento utilizado en las bases de datos

Cuando se trabaja con bases de datos, es importante saber el tipo de almacenamiento en el que se guardaron los datos. Las características de un medio de almacenamiento definen la velocidad de acceso, la capacidad de almacenamiento y la cantidad de datos que se pueden leer o escribir en un momento dado. En primer lugar, debemos conocer las características de los dos tipos principales de almacenamiento usado en bases de datos: cintas magnéticas y discos magnéticos.

Discos magnéticos

Los discos magnéticos son actualmente el principal medio de almacenamiento para grandes cantidades de datos. Este tipo de medio se basa en un formato de disco y material magnético protegido por una capa de plástico o material acrílico. Los discos magnéticos pueden almacenar información en un lado (unilateral) o ambos lados (a doble cara). Varias unidades pueden ser conectadas al mismo eje, formando un disk pack, con el fin de aumentar la capacidad de almacenamiento. La cara de un disco se divide en un conjunto de círculos (pistas), y si hay más de un disco, las pistas en las mismas posiciones en los discos se denominan cilindros. Como las pistas tienen una gran cantidad de información, están divididas en bloques o sectores. La división en sectores del disco es fija y no puede cambiarse. La división de una pista en bloques de disco (páginas) está definida por el sistema operativo para el formato de disco.

Para leer y escribir información en un disco son utilizados cabezales magnéticos de lectura / escritura, que magnetizan un área del disco para representar un valor de bit (0 o 1). Estos bits se agrupan en grupos de 4 a 8, que constituye un byte o un carácter que se almacena en bloques de disco. Un dispositivo de disco magnético es un acceso directo, por lo que la transferencia de datos se realiza en unidades de bloque a la memoria principal. Para acceder a un bloque en particular, se utiliza la dirección de hardware, que incluye el número de cilindros, número de pista y el número de bloque.

Las principales características de este medio son la capacidad, el tiempo de acceso, la tasa de transferencia de datos y la fiabilidad. El tiempo de acceso es el tiempo que requiere una solicitud de lectura / escritura para el comienzo de la transferencia de datos. De esta forma, el brazo con la posición de lectura / escritura en la pista se posiciona donde se encuentran los datos y espera a que el sector aparezca debajo de la cabeza de lectura y escritura, mientras que el disco gira. El tiempo para cambiar la posición del brazo es lo que conocemos como tiempo de búsqueda (seek time). Aumenta de acuerdo con la distancia a donde el brazo debe moverse. El tiempo dedicado a la espera para que pueda acceder al sector se llama tiempo de latencia rotacional. El tiempo de acceso a los datos es la suma del tiempo de búsqueda y el tiempo de latencia.

Una vez que el primer sector de datos a los que se accede ha llegado a la lectura y escritura comienza la transferencia de datos. La velocidad a la que los datos se recuperan o se escriben en el disco se llama la tasa de transferencia de datos. La última medida de uso frecuente es el tiempo promedio de ocurrencia de un fallo, que es la medida de la fiabilidad del disco, donde el promedio de la aparición de un tiempo de fallo de disco es, en promedio, la cantidad de tiempo que puede estar funcionando el sistema sin errores.

Cinta magnética

Las cintas magnéticas son dispositivos de acceso secuencial donde los datos se almacenan en los carretes de cinta magnética (similares a las viejas cintas de K-7 y VHS). Un cabezal magnético de lectura / escritura se utiliza para escribir y leer los datos de la cinta: al grabar en cinta, los datos se escriben en bloques de bytes secuencialmente. Pero cuando queremos buscar cierta información en la cinta, esta se debe recorrer hasta que el bloque solicitado pase por la cabeza de escritura / lectura. Como el proceso puede ser muy lento, en general, este tipo de almacenamiento se utiliza para backup.

MATRIZ REDUNDANTE DE DISCOS INDEPENDIENTES (RAID)

Con el crecimiento de la capacidad de los dispositivos de memoria primarios, el almacenamiento secundario también tuvo que aumentar de capacidad y fiabilidad. Un gran avance en este sentido es el uso de la tecnología RAID, que tiene como objetivo nivelar el rendimiento entre los discos y el rendimiento de los procesadores y memorias, ya que estos últimos se desarrollan mucho más rápido que los sistemas de disco.

El concepto de RAID (del inglés Redundant Array of Independent Drives o matriz redundante de discos independientes) apareció en 1987, proponiendo el uso de un gran número de discos pequeños y baratos para almacenar datos en lugar de utilizar un número de unidades de disco grandes y caras.

Dos técnicas garantizan el correcto desempeño del concepto: en primer lugar, la división de datos (data stripping- RAID 0), que permite leer / escribir en dos o más discos en paralelo, presentándolo al sistema operativo como si se tratara de un solo disco. Como un archivo se divide entre los discos disponibles, esto permite una mayor velocidad de acceso. Por ejemplo, en un sistema RAID de dos discos, al grabar un archivo de 1 MB, este será escrito, al mismo tiempo, con 500Kb en cada disco, disminuyendo a la mitad el tiempo de grabación. La segunda técnica que asegura la eficiencia del RAID es el efecto espejo (mirroring- RAID 1) que permite a un disco la copia automática de los datos del otro disco.

Arquitecturas RAID

Implementación vía software

En la implementación a través de software, el RAID está configurado y gestionado por el sistema operativo y los discos que se utilizarán están unidos a las interfaces de la placa base. No hay necesidad de usar un controlador RAID, lo que hace que esta implementación sea barata y flexible pero necesita configuraciones adicionales y requiere más recursos de procesamiento. La mayoría de los sistemas operativos modernos ofrecen el uso de las opciones de RAID a través de software (como Linux, Windows 2000 o superior, entre otros).

Implementación vía hardware

En este tipo de sistema se utiliza un controlador RAID, que es un dispositivo (normalmente en forma de una tarjeta de adaptador o caja) que permite conectar los discos. Si el RAID es pequeño, se puede almacenar en el propio equipo que se utilizará. Sin embargo, en un sistema de discos más grandes puede tener su propio espacio de almacenamiento. Por lo general el hardware RAID no es compatible entre diferentes fabricantes y modelos.

Fake RAID

La implementación vía software generalmente no tiene una fácil configuración y la implementación vía hardware a través de controladores tiene un precio muy alto. La Fake RAID utiliza un "controlador barato" que en lugar de usar un chip controlador

RAID, utiliza una combinación de funciones especiales en la BIOS de la placa y drivers instalados en el sistema operativo.

Niveles de RAID

Los niveles de RAID son las diversas formas en que los discos se combinan para un fin. No existe una secuenciación: los números citados corresponden a la técnica utilizada en el sistema. A continuación se presentan los principales niveles y combinaciones de RAID.

RAID 0

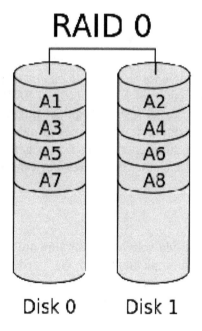

En la técnica RAID 0 (data stripping) los datos se dividen en segmentos consecutivos (stripes o bandas), escritos secuencialmente en cada uno de los discos del sistema. Por lo tanto, el acceso a la información es más rápido pero como no tiene redundancia, el fallo de un disco puede poner en peligro todo el sistema. Se recomienda RAID 0 para los sistemas que exigen un alto rendimiento pero no requieren una seguridad de datos eficaz.

RAID 1

RAID 1 implementa la duplicación de discos (mirroring). El funcionamiento de este nivel es simple: todos los datos se escriben en dos discos diferentes, si un disco falla o se retira, los datos conservados en el otro disco permiten la operación continua del sistema.

Con RAID 1 es posible duplicar el rendimiento en la lectura de la información, ya que las operaciones de lectura se pueden propagar en los dos discos. RAID 1 tiene un coste más elevado en comparación con RAID 0, pero ofrece una mayor seguridad y mantenimiento del sistema, si uno de los discos fallara.

RAID 10 (o 1+0)

RAID 10 requiere al menos cuatro unidades de disco duro. Se utilizan dos discos como RAID 0, lo que aumenta el rendimiento, mientras que en los otros dos discos se copiarán los dos primeros. Hasta la mitad de las unidades pueden fallar al mismo tiempo sin que se pierdan los datos si no fallan los dos lados iguales del espejo. Es el nivel utilizado para los datos de la base de datos, al ser uno de los más tolerantes a fallos y rápido.

RAID 0 +1

RAID 0 +1 requiere, de forma similar a RAID 10, por lo menos 4 discos duros. Se utilizan dos discos como RAID 0, lo que aumenta el rendimiento, mientras que en los otros dos discos se copiarán los dos primeros. Sin embargo, si un disco falla, el sistema se convierte en RAID 0.

RAID 2 (ECC)

RAID 2 almacena información ECC (Error Correcting Code), información de control de errores para su uso en los discos que no tienen de fábrica detección de errores. RAID 2 está a día de hoy obsoleto, ya que los discos modernos cuentan con detección de errores de fábrica en el propio disco.

RAID 3

RAID 3 divide los datos en el tamaño más pequeño posible para el stripe (a nivel de byte) y utiliza todos los discos para lectura/escritura. La paridad se graba en un disco independiente. Este nivel de RAID tiene un montaje complicado vía software.

RAID 4

Funciona con al menos tres discos. Uno de los discos se encarga de la copia (una forma de seguridad) de la información contenida en los discos. Si uno de los discos está dañado, el de copia puede ser utilizado inmediatamente para reconstituir su contenido. Los restantes, que se utilizan para almacenar datos, se configuran para utilizar segmentos suficientemente grandes (tamaño medido en bloques) para dar cabida a un registro completo. Esto permite la lectura independiente de la información almacenada, por lo que RAID 4 es usado para entornos transaccionales que requieren muchas lecturas pequeñas y simultáneas.

RAID 5

RAID 5 es similar a RAID 4 y también requiere de tres discos. Sin embargo, graba la paridad en un archivo independiente que se distribuye por todos los discos, proporcionando un mayor rendimiento que el RAID 4 y una mayor tolerancia a fallos.

RAID 6

Es un estándar relativamente nuevo, con el apoyo de sólo unos pocos controladores. Es similar a RAID 5, pero usa el doble de bits de paridad, lo que garantiza la integridad de datos, incluso si fallan las dos unidades simultáneamente.

RAID 50

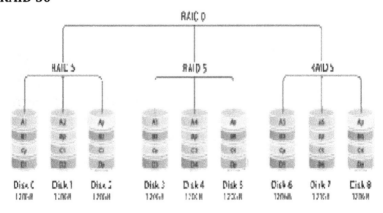

Es un modelo híbrido que usa técnicas con RAID de paridad en conjunto con segmentos de datos.

RAID 100

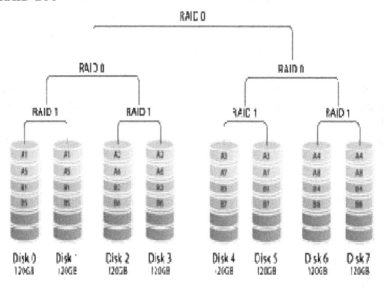

El RAID 100 consiste básicamente en RAID 10+0. Por lo general, se lleva a cabo utilizando una combinación de hardware y software, es decir, implementa el RAID-0 a través del software y el RAID 10 a través de hardware.

REGISTROS, ARCHIVOS Y ORGANIZACIONES DE ARCHIVOS PRIMARIOS EN BASES DE DATOS

Después de estudiar los elementos físicos en los que una base de datos se puede almacenar, debemos entender como los datos se organizan de forma lógica en un dispositivo. En este apartado se estudia como las bases de datos están estructuradas de una manera lógica y mapeadas para los elementos físicos estudiados anteriormente.

Registros

La mayoría de los SBD organizan los datos en una base de datos en forma de registros o estructuras. Por este motivo es que muchos ABD utilizan el término "recuperar registros" al hacer una búsqueda, por ejemplo. Como se ve en la programación lógica, un registro es una estructura lógica con un conjunto de elementos (variables) con valores específicos almacenados de forma continua en la memoria con el fin de facilitar la búsqueda y recuperación de datos.

Cuando escribimos código para crear la estructura de una tabla en un SBD relacional, los comandos (por ejemplo, CREATE TABLE en SQL) son mapeados en el código en el idioma en el que el SBD se ha creado (por ejemplo, C, Java, etc.) que crea la plantilla de registro. Cada vez que se realiza una entrada, la plantilla del registro es llamada, los datos introducidos y el registro grabado en el disco.

Por ejemplo, si creamos un comando:

```
CREATE TABLE clientes (
    código INT;
    nombre CHAR (60);
    DNI CHAR (11);
);
```
podemos mapear en C un registro con el formato:
```
struct cliente {
    código int;
    nombre char [60];
    DNI Char [11];
};
```

Archivos

Una secuencia de registros forma un archivo (que también se puede llamar una tabla en el modelo relacional). Las operaciones sobre archivos se suelen segmentar en dos tipos: las operaciones de recuperación y las operaciones de actualización. El primer grupo no cambia los datos del archivo, sólo localiza valores específicos. El segundo grupo cambia el archivo a través de la introducción de registros, actualizaciones o eliminación.

Los archivos son grabados en bloques de disco, que son la unidad de transferencia entre el disco y la memoria. Cuando el tamaño de un archivo es más grande que el tamaño de un bloque, el bloque puede tener varios registros, pero si un registro es más grande que un bloque se puede dividir en varios bloques mediante el uso de indicadores para la conexión entre los bloques. En la asignación contigua, los archivos se almacenan en bloques de disco de forma consecutiva. En la asignación encadenada, los archivos se almacenan en bloques de disco disponible y se interconectan a través de la utilización de punteros de memoria. Cuando se realizan operaciones de lectura y escritura en una base de datos, el SBD hace una petición que especifica la dirección (número de bloque) en el disco en que se encuentran. Cuando se encuentra, el bloque se transfiere entonces a la memoria principal.

Organizaciones de Archivos Primarios

Llamamos organización de archivos a la forma en como los datos son almacenados y se vinculan a los registros y las estructuras de acceso a los bloques. Existen varios métodos para la organización de archivos primarios que heredan características de los sistemas de archivos de los sistemas operativos. A continuación se muestra una lista de las principales organizaciones de archivos primarios:

- **Archivos de Registros desordenados (*Heap*)** es el método más simple, donde los archivos se almacenan en archivos en el orden en que se insertan (pila). Como se ha analizado en las estructuras de datos, la inserción de un nuevo registro es muy eficiente en este tipo de estructura. El último bloque de la base de datos en el disco se copia en un buffer, se añade el nuevo registro y luego se reescribe en el disco. Sin embargo, la búsqueda y eliminación de este tipo de archivo es más laboriosa, ya que requiere una búsqueda lineal. Para eliminar un registro, el programa primero debe encontrar su bloque, copiarlo en la memoria intermedia, borrar el búfer de fila, reorganizar y volver a escribir el bloque en el disco. Esto puede dejar ranuras libres en los bloques, que después de un número alto de eliminaciones puede desembocar en mucho espacio desperdiciado.
- **Archivos de Registros Ordenados:** los registros de un archivo se pueden clasificar físicamente teniendo en cuenta los valores de algunos de sus campos. Este tipo de organización hace que la búsqueda sea más eficiente, ya que en lugar de utilizar la búsqueda lineal, puede utilizar otras técnicas como búsqueda binaria. Sin embargo, la

inserción y extracción pueden ser difíciles debido a que al insertar un elemento, se debe organizar la totalidad del expediente. Dos soluciones son utilizadas generalmente: la primera es la de mantener un espacio en un bloque para los nuevos registros (pero si este espacio es totalmente ocupado, el problema vuelve a aparecer), la segunda opción es mantener un archivo temporal desordenado (llamado archivo de desbordamiento o transacción). En este último caso, los nuevos registros se insertan en el archivo temporal que se ordenó y se fusionó con el archivo principal ordenado periódicamente. Sin embargo, este tipo de solución puede ser más lenta, ya que si no se encuentra un registro en el archivo principal, también se debe buscar en el archivo temporal.

- *Hashing* (**Dispersión**): tal y como se muestra en las estructuras de datos, este tipo de estructura utiliza una tabla hash creada a partir de una función llamada función de hash. Cuando se introduce un determinado dato en la base de datos, se selecciona un campo, que es sometido a esta función que va a generar un valor numérico específico que establece la posición en la que se debe insertar el elemento en el vector de registros. Esto mejora la búsqueda ya que a la hora de buscar un dato, este campo se presentará a la función hash que devolverá la posición en la que es probable que el elemento este sin necesidad de buscar en otros elementos. El problema con este tipo de técnica es cuando la función genera valores iguales para dos o más registros (colisión). En estos casos, se intenta resolver a través de métodos de resolución, de los cuales los principales son: (1) **Abrir Direccionamiento**: Si una determinada posición está ocupada se busca por orden la siguiente vacía (2) **Encadenamiento**: si una determinada posición es ocupada, mantiene una lista para esa posición, ocupando el siguiente elemento de la lista (3) *Hashing* **Múltiple:** el programa aplica nuevas funciones de hash si la principal causa colisión.

- **Archivos de registros mixtos:** hasta ahora creemos que los registros de archivo son del mismo tipo. Sin embargo, en las aplicaciones en general, un registro puede estar relacionado con otro registro (por ejemplo, un registro Empleado tiene un campo que hace referencia a un registro de Departamento). Este campo se llama el campo de la conexión (en el modelo relacional se llama la clave externa). En estos casos, los SBD suelen agrupar estos registros de forma continua o mediante punteros. Para distinguir los diferentes tipos de registros en cada caso, cada registro tiene un campo adicional con su tipo.

Estructuras de indexación para archivos de bases de datos

Los índices son archivos adicionales en una base de datos que ofrecen vías de acceso alternativas a los datos con el fin de facilitar la búsqueda de los mismos basados en un campo elegido (indexación) sin afectar a su posicionamiento físico en el disco. Cuando creamos un índice utilizando un código (como SQL), un determinado campo seleccionado es establecido en una estructura de datos (como árboles), de modo que cuando se realiza una búsqueda utilizando el índice, la búsqueda se realiza en el primer archivo, y cuando el valor se encuentra, dirige los datos relacionados a la base de datos.

La función de un índice ordenado es igual al índice de un libro cuyo propósito es facilitar la búsqueda (binario) de una información dada y sin la necesidad de realizar la búsqueda secuencial (lineal). Cualquier campo se puede utilizar para crear un índice y varios índices utilizando diferentes campos se pueden construir en el mismo archivo. No puede haber variedad de índices, cada uno de los cuales tiene una estructura de datos específica para acelerar la búsqueda. Así, cuando se realiza la creación de los índices en una base de datos, se crea un archivo con los campos indexados estructurados. Como la cantidad de datos de un archivo de índice es mucho más pequeña que una base de datos normal, la búsqueda se vuelve más rápida.

Índices ordenados de nivel único

Índice principal

Un índice primario es un archivo ordenado de tamaño fijo, en donde los registros almacenados tienen dos campos: el primer campo es el mismo tipo que el campo clave del archivo de datos (ya que es el campo que va a recibir el mismo valor del campo clave) y el segundo es un puntero con la dirección del bloque de disco. Hay una entrada de índice en el archivo de índice para cada bloque del archivo de datos. Cada entrada en el índice tiene el valor de la clave principal para el primer registro en el registro del bloque (ancla o bloque de anclaje).

Llamamos de índice denso, el índice que tiene una entrada de índice para cada registro en el archivo de datos. Un índice disperso, sin embargo, tiene entradas de índice para sólo algunas búsquedas valores.

El problema con este tipo de índice es la inclusión y la eliminación de registros, que pueden modificar los registros de anclaje.

Índices de agrupamiento (clustering)

Cuando los registros se ordenan físicamente por un campo que no es la clave (es decir, que tiene un valor distinto para cada registro) llamamos a este campo con el nombre de campo de agrupación. Un índice de agrupación también tiene dos campos, el primer campo es del mismo tipo que el campo de agrupamiento y el segundo campo es un puntero a un bloque de disco. El primer campo tendrá un valor determinado y el segundo campo apunta a todos los datos que tienen el mismo valor para ese campo. Este tipo de índice es disperso, ya que tiene una entrada para cada valor distinto del campo de indexación y no para cada registro en el archivo.

En este tipo de índice también habrá problemas con la inclusión y eliminación de los registros debido a que los registros de datos se ordenan físicamente, repitiendo los mismos problemas observados para la indexación con los índices primarios.

Los índices secundarios

Un índice secundario es otra forma de acceder a un archivo de datos, cuando ya existe un índice primario. Un índice secundario se puede crear a partir de un campo que es una clave candidata o un campo sin clave con valores duplicados. Un mismo archivo puede tener varios archivos secundarios. Los registros de los archivos pueden ser ordenados, desordenados o hashing.

Índices multinivel

Un índice multinivel se puede definir como un índice de índices. En el primer nivel, el archivo está ordenado, por ejemplo, con el uso de un índice cualquiera conforme lo visto hasta ahora. En otros niveles, se crea un índice primario sobre los niveles anteriores y así sucesivamente, hasta que el último índice ocupe apenas un bloque.

Índices multinivel dinámicos

Un índice multinivel permite que el número de bloques a los que se accede en una búsqueda sea muy reducido. Pero este tipo de manipulación tiene problemas debido a que como los archivos están ordenados, puede haber problemas de inserción y eliminación de datos. Una solución es dejar espacios en blanco en cada bloque para la inserción de nuevas entradas usando el índice dinámico, utilizando como estructura de datos el árbol B y sus variaciones. El árbol B puede mantener los niveles de datos balanceados para la cantidad de datos que están siendo indexados y gestiona el espacio utilizado por sus bloques de modo que siempre este ocupado al menos la mitad de su capacidad.

Índices en varias claves

En algunas solicitudes de recuperación y actualización de datos, si una determinada combinación de atributos se utiliza con mucha frecuencia, se puede utilizar una estructura de acceso que utiliza una clave-valor que combine varios atributos.

ALGORITMOS PARA EL PROCESAMIENTO Y OPTIMIZACIÓN DE CONSULTAS

Una consulta escrita en un lenguaje de consulta, como SQL, es leída por el SBD, analizada y validada. Las técnicas utilizadas son las mismas que las aprendidas en la teoría de compiladores. Inicialmente son verificados los tokens (símbolos) de consulta, mientras que el analizador sintáctico comprueba si la consulta se escribe de acuerdo a las reglas del lenguaje. Una consulta SQL una vez escrita e interpretada, es traducida en una expresión de álgebra relacional extendida, representado por un árbol de la consulta, que luego es optimizada por el optimizador de consultas. Un SBD implementa varios métodos de acceso para realizar una consulta y al escribir el código y ejecutarlo, el optimizador de consultas calcula el coste de cada método de acceso y aplica el que tiene el menor coste estimado.

Algoritmos para la Selección

Hay muchos algoritmos para ejecutar una instrucción SELECT, que es una operación de búsqueda para localizar los archivos en el disco que cumplen una determinada condición propuesta.

Los métodos más simples de búsqueda son los que no tienen una condición establecida o tienen sólo una condición simple. Son conocidas como exploraciones de archivos porque los registros se exploran en busca de registros que cumplan una determinada condición.

- **Búsqueda Lineal:** recupera cada registro del archivo y comprueba si los valores de los atributos coinciden con la condición dada.
- **Búsqueda binaria:** si el archivo está ordenado y la condición implica una comparación con un atributo clave, la búsqueda binaria se puede utilizar para acelerar la misma.
- **Índice primario o clave hash para un solo registro:** si la condición de selección consiste en la comparación de igualdad con un atributo clave, se puede utilizar un índice principal o una clave hash para recuperar los datos. Estos métodos, no obstante, devuelven un único registro.
- **Índice principal para varios registros:** si la condición de selección implica operaciones de >, <, <= y >= con un campo clave de un índice principal, el índice puede ser utilizado para encontrar el registro que satisface la igualdad y recuperar los registros siguientes de acuerdo con la operación.
- **Índice de agrupamiento:** si la condición de selección involucra comparaciones de igualdad con un atributo no clave, un índice de clúster se puede utilizar para recuperar los registros que cumplen la condición.

Los métodos más complejos de búsqueda, es decir, compuestos de varios términos sencillos, conectados por conectores, pueden utilizar otras técnicas de búsqueda. Cuando las uniones entre dos condiciones simples se hacen a través de AND, llamada condición conjuntiva, las siguientes técnicas pueden ser utilizadas:

- **Selección conjuntiva utilizando índice individual:** un índice de condición aislada permitiría el uso de las técnicas anteriores, utilice la condición para recuperar los registros y luego asegurarse de que cada registro cumple las demás condiciones.

- **Selección conjuntiva utilizando el índice compuesto:** si dos o más atributos forman una clave compuesta, se puede utilizar directamente un índice.

Cuando las conexiones entre las condiciones se realizan a través del conector OR se llaman de condición disyuntiva. Este tipo de condición es más difícil de optimizar, ya que exige que cada condición disyuntiva posea atributos indexados (para tratar de utilizar la técnica anterior), generalmente se usará la técnica de búsqueda lineal.

Algoritmos de unión

La unión es una de las operaciones que más tiempo consume en una consulta, se trata de unir dos o más archivos, lo que es más costoso en términos de búsqueda y de memoria. Los principales algoritmos para la implementación de la unión son:

- **Unión de bucle (o bloque anidado):** recupera todos los registros de la tabla A y comprueba si para cada elemento de la tabla B la condición de unión se cumple.
- **Unión de bucle único:** si existe un índice o una clave hash para uno de los atributos de unión en la tabla A, recupera todos los registros de la tabla B y luego usa la clave de índice o de hash para recuperar los registros que cumplan la unión.
- **Unión ordenar-fusionar:** si las tablas A y B se ordenan físicamente, se pueden recorrer de forma simultánea los registros y recuperar los datos que cumplan la unión. Si no están ordenados, se puede hacer a través de una ordenación externa.

- **Unión hash:** registros A y B son separados en archivos más pequeños utilizando la misma función hash (fase de particionamiento). En la segunda fase (fase de búsqueda) se casan los registros correspondientes.

Técnicas heurísticas de optimización de consulta

Hay técnicas que permiten modificar la representación interna de una consulta, con el fin de mejorar su rendimiento. Un SBD puede generar diferentes estructuras de árbol para la misma consulta y las técnicas heurísticas buscan crear un reordenamiento del árbol con el objetivo de obtener una estructura optimizada. La idea principal es que deben ser ejecutadas primero las operaciones que reducen los resultados intermedios de una consulta.

- Inicialmente es importante definir que las operaciones de selección y de proyección deben aplicarse antes de la operación de unión y de otras operaciones binarias.
- Llevar a cabo las operaciones de selección y proyección lo antes posible.
- Las operaciones de selección y unión más restrictivas deben realizarse lo más pronto posible.

El coste de ejecución de una consulta

Un optimizador de consultas para procesar una consulta, también estima los costes involucrados en realizar una búsqueda particular y elegir la estrategia con el coste más bajo. En general, este cálculo se realiza en base a la mejor opción media, ya que un SBD gastaría mucho tiempo considerando las estrategias si buscara la mejor opción posible.

Al considerar los costos, los siguientes componentes están involucrados. Sin embargo, es difícil analizar todos los costes involucrados en un SBD, por lo que, en general, valoramos el coste de acceso a un almacenamiento secundario.

- **El coste de acceso a almacenamiento secundario:** es decir, el coste de la lectura y la escritura entre los discos y la memoria principal.
- **El coste de almacenamiento en disco:** es decir, el coste de almacenamiento de archivos intermedios generados por una consulta.
- **Coste de la informática:** es decir, el coste de procesamiento en la CPU.
- **Coste de uso de la memoria:** es decir, la cantidad de memoria que se utiliza en la ejecución de una consulta.
- **El coste de la comunicación:** es decir, el coste de enviar una consulta y de sus resultados que se almacenan en la base de datos donde se originó la consulta.

TEORÍA DEL PROCESAMIENTO DE TRANSACCIONES EN LAS BASES DE DATOS

Una transacción es una unidad lógica de procesamiento en una base de datos, incluyendo dos o más operaciones en una base de datos que obligatoriamente deben ocurrir para que toda la unidad tenga sus modificaciones establecidas de forma permanente. Si una transacción sólo recupera datos se llama una transacción de sólo lectura. De lo contrario, la transacción se llama una transacción de lectura-escritura.

Es importante establecer un control de la ejecución de la operación, ya que cuando se producen transacciones concurrentes, pueden surgir muchos problemas. Así, diversos mecanismos y herramientas se mantienen por un SBD para garantizar que las transacciones se realizan de manera eficiente.

ACID

Los métodos de concurrencia y control de un SBD deben asegurarse de que las transacciones son acordes a las propiedades ACID:

- **Atomicidad:** la transacción debe realizarse de manera integral.
- **Consistencia:** si la transacción se completa, debe pasar la base de datos de un estado consistente a otro estado consistente.

- **Aislamiento:** una transacción no debería sufrir interferencias de otras transacciones.
- **Durabilidad:** los cambios causados por una transacción completada deben persistir en la base de datos.

Modelo de estudio para las transacciones

Nosotros usamos un concepto simple para estudiar el procesamiento de transacciones. Consideraremos un ítem de datos a cualquier elemento de una base de datos que vamos a utilizar como unidad. Este ítem puede ser desde un bloque de disco, pasando por un registro, hasta un atributo de un registro. Cada ítem tendrá un nombre específico y llamamos de BD a un conjunto de ítems con nombre.

Las operaciones básicas de acceso a la BD en este modelo son:

- *read_item (nombre):* leer un ítem en la base de datos con un determinado nombre para una variable de programa.
- *write_item (nombre):* escribe el valor de una variable de programa en el ítem de la base de datos con un nombre determinado.

Registro del sistema

Para poder recuperarse de los fallos que afectan a la transacción, SBD mantiene un registro (log) para registrar todas las operaciones de transacciones que manipulan datos y otra información que permiten recuperar la información de la transacción si se produce algún fallo. El registro es un archivo secuencial, sólo de inserción, mantenido en el disco, independientemente de los fallos de base de datos. Cuando se ejecutan las transacciones, el registro almacena:

- *[Start_transaction, nombre]:* indica que una transacción "nombre" empezó a ejecutarse.
- *[Write_item, nombre, valor_antiguo, valor_nuevo]:* indica que la transacción "nombre" cambió el valor antiguo por el valor nuevo.
- *[Read_item, nombre, elemento]:* indica que la transacción "nombre" leyó el valor de "elemento" en la base de datos.
- *[Commit, nombre]:* indica que la transacción "nombre" fue completada con éxito y su efecto puede ser permanente en la base de datos.
- *[Abort, nombre]:* indica que la transacción "nombre" fue abortada.

Schedule

Cuando dos o más transacciones se producen al mismo tiempo, se debe establecer un orden de ejecución. Este tipo de operación es conocida como schedule.

Decimos que dos operaciones están en conflicto si pertenecen a diferentes transacciones, acceden a un mismo ítem y, por lo menos, una de las operaciones es write_item.

Por ejemplo,

Transacción 1 Transacción 2

read_item (X); read_item (X);
read_item (X); write_item (X);
write_item (Y); read_item (X);

En este caso, la segunda operación de transacción 1 entra en conflicto con la operación 2. Otro tipo de conflicto que puede existir es el conflicto de lectura y escritura:

Transacción 1 Transacción 2

read_item (X); read_item (X);
write_item (X); read_item (Y);
write_item (Y); read_item (X);

Aquí, la tercera operación de Transacción 2 está leyendo un valor de X modificado por Transacción 1, lo que puede generar varios problemas. Un tercer tipo de conflicto se denomina conflicto de grabación:

Transacción 1 Transacción 2

read_item (X); read_item (X);
write_item (X); write_item (Y);
write_item (Y); write_item (X);

En este caso, el último valor de X es grabado por Transacción 1 y posteriormente por Transacción 2.
Un schedule se considera completo si se establecen las siguientes condiciones:

- Las operaciones son exactamente la misma transacción;
- Para operaciones dentro de la misma transacción, su orden de aparición en *el* schedule debe ser el mismo;
- Para dos operaciones en conflicto, una de las dos debe producirse antes que la otra.

Sin embargo, en un sistema de transacción es prácticamente imposible encontrar un schedule completo debido a que las transacciones en curso se ejecutan en el sistema.

CONCURRENCIA DE TRANSACCIONES EN BASES DE DATOS

La concurrencia de transacciones es el nombre que se da cuando se producen dos o más operaciones en paralelo en un sistema de base de datos. Como las transacciones pueden entrar en conflicto mediante la manipulación de un solo elemento de una base de datos, debemos utilizar técnicas que eviten este tipo de conflicto.

Técnicas de bloqueo

Un bloqueo es una variable asociada a un ítem de datos y que describe el estado del ítem para las operaciones que se pueden realizar sobre él. En general, hay un bloqueo para cada ítem de la base de datos y el conjunto de bloqueos están sincronizados para permitir el acceso de las transacciones.

Llamamos de bloqueo binario, una variable que puede tomar dos valores (bloqueado o desbloqueado). Un ítem bloqueado se denomina de lock (nombre). Las operaciones de bloqueo y desbloqueo de un ítem son lock_item (nombre) y unlock_item (nombre). Una transacción al registrar un acceso a un ítem, solicita lock_item (nombre). Sin embargo, si lock (item)=1, la transacción debe esperar y se almacena en una cola. Pero si lock (item)=0, la transacción bloquea el elemento (lock (ítem) = 1) y la transacción puede manipular el ítem. Cuando termine de ejecutarse, la transacción emite unlock_item (ítem) y permite que lock (item) vuelva a ser 0 otra vez.

Deadlock (punto muerto)

Deadlock (punto muerto) en una transacción se produce cuando una transacción espera por los recursos utilizados por otra transacción, que a su vez espera por los recursos de otra. Un SBD cuenta con diferentes formas de trabajar con un deadlock.

Si el sistema se encuentra en punto muerto, el sistema (o el propio usuario) pueden detectar transacciones que provocan deadlock y abortarlas si esto no afecta a otras operaciones vitales para el sistema. Este método se conoce como la selección de las víctimas y por lo general tratan de matar a las transacciones más recientes (que han hecho pequeños cambios) en lugar de las transacciones más antiguas (que han hecho muchos cambios).

Otro mecanismo es el timeout (tiempo de espera o tiempo límite). Si una transacción espera un período más largo que en un plazo determinado, el sistema aborta la transacción, esté o no en un punto muerto. Esto se hace mediante el supuesto de que al esperar demás, la transacción probablemente entrará en un deadlock.

Starvation (inanición)

Starvartion se produce cuando una operación no puede continuar mientras que otras se ejecutan normalmente. Esto puede ocurrir si el esquema de espera fue mal ajustado o si el método de selección de la víctima mata continuamente a la misma transacción, de modo que esta no es completada.

Recuperación de bases de datos

Como un sistema de uso continuo y que almacena datos críticos, una base de datos por lo general es el sistema más importante de una organización. Por lo tanto, un SBD debe poseer varias características para evitar fallos catastróficos y no catastróficos. Recuperarse de fallos significa que la base de datos debe volver al estado consistente más reciente antes del fallo catastrófico. Un fallo catastrófico es aquel que provoca la corrupción del sistema en donde no se puede conseguir una solución por medios normales. En general, para evitar este tipo de fallo, el ABD estructura la base de datos para que no pueda ser fácilmente atacada por fallos catastróficos, mantiene copias de seguridad continuas para el sistema de restablecimiento y busca mantener servidores en RAID y en sistemas paralelos. Los fallos no catastróficos son, en general, fallos en operaciones y transacciones que pueden interferir en la integridad de una base de datos. En estos casos, el SBD mantiene recursos para permitir la recuperación de fallos.

Recuperación de transacciones no catastróficas

Existen principalmente dos tipos de recuperación para fallos no catastróficos. En primer lugar, están las técnicas de actualización aplazada, que no actualizan una base hasta que todos los cambios se han confirmado (commit). De modo que cuando se produce un fallo, los resultados de las transacciones están almacenadas en la memoria, mientras que la base de datos no ha cambiado con lo que no es necesario una reversión de las operaciones de la transacción (rollback) y la recuperación consiste en volver a hacer las operaciones de las transacciones confirmadas después del último checkpoint del registro (log). La desventaja de esta técnica es que se puede necesitar mucho espacio de buffer intermedio para mantener los datos antes de escribirlos en el disco. En el segundo tipo de recuperación, existen las técnicas de actualización inmediata, algunas operaciones de la transacción pueden actualizar la base de datos, incluso sin que la transacción se haya completado. Estos cambios son grabados en el registro y luego se almacenan en el disco. En este caso, es necesario revertir las transacciones confirmadas usando como accesorio, el registro del sistema.

Recuperación de fallos catastróficos

Las técnicas discutidas anteriormente están relacionadas con fallos no catastróficos. Se considera que el registro del sistema no está dañado y se puede utilizar para recuperar la base de datos. Sin embargo, un ABD también debe protegerse contra fallos catastróficos, como errores en el disco o la corrupción del archivo de registro.

La primera es la aplicación de la técnica de copia de seguridad (backup) de la base de datos en la que la base de datos y su archivo de registro deben ser copiados periódicamente. En este sentido, es posible recuperar el estado más reciente de la base de datos (almacenada en cinta) a fin de no perder toda la estructura de la base de datos. Para las bases donde se cambian los datos muy a menudo, otra opción puede ser la copia de seguridad de registro que en lugar de almacenar toda la base de datos almacena sólo el listado de cambios. Por lo tanto, para recuperar una base de datos, se utiliza la última copia de seguridad de la base de datos que está disponible, y entonces se aplican los cambios de la última copia de seguridad del registro.

Como en general, los fallos catastróficos no se pueden predecir directamente, los ABD deben estructurar las bases de datos para minimizar los efectos de un posible fallo de este tipo. En general, se evita tener un conjunto específico de datos en un solo servidor: una buena política para la construcción de bases de datos requiere el uso de sistemas como RAID y el uso de servidores en paralelo. Los medios de copia de seguridad no deben permanecer en el mismo entorno de servidores, deben, si es posible, permanecer en un lugar seguro. Algunas organizaciones mantienen servidores con la misma configuración para reemplazar un servidor que muestra un problema: de preferencia uno de estos servidores debe estar fuera del entorno de la organización y debe ser posible acceder a él de forma rápida en caso de fallo. Los servidores de BD deben permanecer en lugares seguros y de difícil acceso para proporcionar protección contra el daño ambiental y humano.

Seguridad en bases de datos

Como un sistema de información, una base de datos debe ofrecer diversos mecanismos de seguridad. Una base de datos por lo general almacena la información esencial de una organización, tanto sobre su negocio como su estructura. Esto significa que el sistema debe ser manipulado adecuadamente para asegurarse que no sufre ningún tipo de fallo o mal uso.

Objetivos de seguridad

Los objetivos de seguridad se clasifican en tres principios:

- **Integridad:** propiedad que asegura que la información esté protegida contra la modificación incorrecta.
- **Disponibilidad:** propiedad que asegura que la información está siempre disponible para su uso legítimo, es decir, para aquellos usuarios autorizados por el titular de la información.
- **Confidencialidad:** propiedad que limita el acceso a la información a las entidades autorizadas por el titular de la información.

De esta manera, la base de datos está incluida en una seguridad más general que se ocupa de los recursos computacionales de una organización. Un programa que se ocupa de la seguridad de los datos, debe incluir tanto la tecnología en sí misma como las personas y los procesos que lo utilizan.

Política de seguridad

La creación de una política de seguridad es esencial para garantizar la protección de los recursos de una organización, además de permitir una integración eficiente en el uso de diferentes sistemas, con lo que no se produzcan conflictos en el uso del sistema. Debe existir una documentación central que defina el modo en como los sistemas informáticos son implementados y las condiciones de uso. Esto afecta directamente a la seguridad de una base de datos.

Principales tipos de riesgos en las bases de datos

Los principales tipos de riesgos son dos:

- **Intencional:** son aquellos en los que hay un elemento humano que actúa de mala fe. Esto incluye el fraude de valores, vandalismo, sabotaje, robo, etc.
- **No intencional:** son aquellos en los que no hay intención de mala fe:
  - **En funcionamiento:** son los causados por un manejo inadecuado del sistema. Esto incluye la falta de comunicación, error de transporte, el uso inadecuado del sistema, etc.
  - **Natural:** son los causados por fenómenos naturales. Incluye la lluvia, terremotos, el exceso de calor, etc.
  - **Ambiental:** son las causadas por el medio ambiente. Incluye la contaminación, problemas de iluminación, etc.

Sensibilidad de los datos

Los datos de una base de datos poseen una medida de importancia dada por su propietario y que determinan su necesidad de protección. Los principales niveles son:

- **Público:** información que, si se revela, no afecta a la organización.
- **Interno:** información cuyo acceso externo debe ser evitado, sólo ciertos empleados tienen acceso.
- **Confidencial:** valores de datos a los que no se puede acceder externamente y el acceso se debe permitir. En el caso de que se produzca un acceso no autorizado este puede ocasionar pérdidas financieras o de competitividad.
- **Secreto:** la información no puede ser accesible externa o internamente, salvo para las personas que realmente necesitan trabajar con ella. El acceso no autorizado puede ser crítico para la organización.

Control de acceso a una base de datos

El ABD es el único profesional que debe poseer la cuenta con mayor acceso a la base de datos, y debe, cuando sea posible, evitar que incluso los directores de una organización tengan este tipo de permiso. Siendo el ABD responsable de la seguridad del sistema, debe ser responsable de recibir las solicitudes de permiso de acceso y sobre la base de su análisis, crear y revocar cuentas, establecer privilegios y asignar el nivel de seguridad requerido. La mayoría de los usuarios habituales no requieren el uso directo de la base de datos, pues la manipulan a través de una aplicación común. Sin embargo, para otros tipos de usuario, es necesario que el ABD establezca inicios de sesión y contraseñas que no se puedan modificar, y que las políticas de seguridad de la organización garanticen que no pueda haber intercambio de nombres de usuario y contraseñas.

Si el ABD pertenece a la organización, su nombre de usuario y la contraseña deben ser escritos y almacenados en una ubicación segura, para acceso por los superiores en caso de ausencia del ABD (renuncia, fallecimiento, etc.) para manipular el sistema, debiendo ser cambiados después. La política de seguridad debe ser eficaz para prevenir que un ABD cambie el inicio de sesión y una contraseña con el propósito de perjudicar a la organización. Si el ABD no pertenece a la organización, se recomienda que un miembro de la organización tenga permiso completo, mientras que el ABD externo tenga un permiso inferior, incluso si tiene la mayor parte de los derechos necesarios para prestar su servicio.

Un ABD también puede controlar las acciones de un usuario en particular en la base de datos. Como es necesario un usuario para conectarse a la base de datos, el usuario se almacena en el sistema. Podemos ampliar el registro del sistema para almacenar no sólo la modificación realizada sobre la base de datos, sino también el número de identificación del usuario y el equipo utilizado para realizar el cambio. Si hay sospecha de manipulación en la base de datos, se puede realizar una auditoría y analizar el registro del sistema.

PROYECTO FÍSICO Y AJUSTES

Construir el diseño físico de una base de datos implica no sólo la creación de la estructura del sistema, sino también el rendimiento óptimo del sistema. Un profesional de base de datos, en este sentido, sólo puede proponer una estructura eficiente (o modificar una) si conoce la carga útil de datos, consultas, transacciones y sistemas que manipulan la base de datos. Aun cuando la base de datos sea de uso futuro, el profesional debe saber detectar esta información con el fin de garantizar una estructura integra y que demande posteriormente la menor necesidad de modificación de la infraestructura relacionada.

Análisis de consultas y transacciones en la base de datos

En la fase de la lógica conceptual para crear una base de datos, el diseñador debe diseñar una BD proyectando las principales consultas y transacciones que utilizará la base de datos. Por lo tanto, el diseñador debe tener en cuenta:

- **Las principales tablas que se utilizarán en las consultas:** el diseñador, al diseñar las tablas, debe tener en cuenta cuales son las más utilizadas, el tamaño estimado y estructurar la base de datos para satisfacer la demanda en este sentido.
- **Los principales atributos que se utilizarán para las consultas:** el diseñador debe analizar qué atributos serán los principales para ser utilizados en condiciones de

consulta y, preferentemente, indexar estos atributos para agilizar el proceso de búsqueda.

- **Determinar las condiciones para la selección:** es decir, para cada tipo de consulta estimar qué operación (=, <, >, <=, >=) es menos costosa y más eficiente. En general, se evitan las condiciones que hagan búsqueda lineal.
- **Los atributos para ser traídos por una consulta:** deben ser analizados los valores deseados en cada consulta y como optimizar su recuperación para el usuario.
- **Las tablas que se pueden actualizar:** el diseñador debe estimar los tipos de usuarios que pueden acceder a las tablas y los tipos de transacciones que se llevan a cabo y el efecto de estos cambios en el sistema en general.

En base a esto, el diseñador debe estimar:

- La frecuencia con que las consultas y las transacciones se llevan a cabo; El tiempo en que se hace cada consulta o transacción (y si este tiempo es consistente con las posibles restricciones establecidas por la organización); Analizar el tiempo de cada operación de actualización; Los tiempos y los días de mayor carga de procesamiento en el sistema.

Tareas (Jobs)

Algunas acciones que se pueden automatizar, se pueden transformar en tareas (jobs) en un SBD. Muchos SBD permiten la configuración de las tareas para determinados días y horarios, lo que reduce la carga de procesamiento de los horarios con mayor flujo. Otras organizaciones prefieren la creación de sistemas de software que facilitan dicha automatización. Siempre que sea posible, el ABD debe estructurar las acciones automatizadas que se realizarán en los días y en las horas de menor actividad.

Indexación

Aunque la indexación es eficiente para facilitar la búsqueda (sobre todo cuando se trabaja con una condición de igualdad), su utilización a la ligera puede traer problemas de retraso en la actualización (ya que para cada actualización en un campo, se actualizará el archivo de índice de ese campo). Por lo tanto, un análisis cuidadoso debe ser establecido para el uso de la indexación:

- Un atributo que tiene un valor único y se utiliza con frecuencia en las consultas se debe indexar;
- Varios índices pueden ser usados en las operaciones que se pueden procesar solamente mediante índices, sin acceder a la base de datos (por ejemplo, una agregación de comandos en un campo indexado).

Desnormalización

Al aprender a hacer un diseño conceptual y lógico, debe aprender a realizar la normalización (es decir, la separación de asuntos en sus respectivas tablas y no contener redundancias). En algunos casos se evita la normalización para facilitar una búsqueda más eficiente. Por lo tanto, si una tabla tiene un atributo al que siempre se accede (y otras no) y otra tabla que hace la relación tiene varios campos a los que se accede puede ser eficaz incluir ese atributo en esta tabla, evitando el cruce.

Ajustes en una base de datos

Los ajustes en una base de datos son los cambios en su estructura con el fin de corregir u optimizar una estructura anterior ya implementada. En general, un ABD analizará las estadísticas periódicamente para detectar posibles fallos del sistema y proponer soluciones eficientes para su corrección.

Las consultas se pueden ajustar para reducir el acceso al disco y permitir una mayor flexibilidad en la recuperación de los resultados. Algunas estrategias son:

- Debe evitar las consultas con múltiples uniones;
- Utilice tablas temporales en consultas que utilizan las consultas anidadas y recorren toda una tabla en la subconsulta. La tabla temporal se puede almacenar, en caso de que la información sea solicitada, y luego ser eliminada después de su uso;
- Algunos SBD pueden tener procesamientos diferentes según el orden en el que las tablas se colocan después del FROM. En estos casos, si es posible, poner la tabla con menos registros en primer lugar;
- Evite, en lo posible, el uso de comparaciones con cadenas. Como las cadenas son comparaciones carácter por carácter, el procesamiento puede llevar mucho tiempo;
- En algunos casos, una condición OR no hace uso de los índices. Por lo tanto, puede ser más eficiente crear dos SELECTS, mediante índices, uniéndolos con UNIÓN.

Los índices deben ser examinados y revisados según convenga. Algunas consultas pueden estar teniendo un tiempo de procesamiento demasiado largo debido a la falta de indexación, algunos índices no pueden utilizarse con determinados ratios y pueden estar en un campo con muchos cambios, lo que podría causar retrasos en el proceso de actualizar un registro. Por lo tanto, un análisis continuo de la utilización de los índices del sistema puede aportar correcciones que benefician al sistema global.

En algunos casos puede ser necesario el ajuste del diseño de base de datos. Esto puede hacerse de varias maneras, entre las más importantes: si se accede a un conjunto de datos con frecuencia, puede ser útil crear una tabla separada con estos datos. Si una tabla tiene un atributo al que siempre se accede (mientras que otros no lo hacen) y otra tabla que hace la relación tiene varios campos a los que se accede, puede ser eficiente incluir ese atributo en esta tabla, evitando la unión (desnormalización). Es importante, sin embargo, evitar en la medida de lo posible este tipo de ajuste, por un impacto directo en los sistemas que utilizan la base de datos y que puede ocasionar pérdidas si no está bien diseñado.

OPEN DATABASE CONNECTIVITY (ODBC)

Open Database Connectivity (ODBC) es el nombre de una API estándar para acceder al SBD. Su objetivo es asegurar que los diversos lenguajes de programación pueden acceder a una base de datos sin necesidad de codificación adicional en cada lengua o sistema operativo. Por lo tanto, el ODBC sirve como un traductor entre una determinada aplicación en un lenguaje de programación específico y la base de datos.

Historia de ODBC

Los primeros sistemas de bases de datos poseían sus propios métodos de acceso a datos conforme al fabricante del sistema. En general, la mayoría de los sistemas de archivos implican la manipulación y el acceso a datos a través de comandos simples, pero cada uno tenía su método de organización de desarrollo de estos mecanismos. Con la aparición de SQL en la década de 1970, fue posible estandarizar el método de acceso a los datos: ahora no sería necesario que una persona aprenda un montón de código para manejar un sistema dado. Basta con que el SBD estandarice sus órdenes para aceptar entradas de código SQL, independientemente de como el SBD fue desarrollado.

SQL, por ser un lenguaje de consulta, siempre tuvo recursos de programación rudimentarios y limitados. De esta limitación surgió la idea del SQL incrustado: un determinado programa es escrito en un lenguaje apropiado (como C, VB, Fortran, etc.) y el código SQL es incrustado dentro del código fuente (por lo general en una cadena de texto), devolviendo una respuesta después de la consulta que puede ser utilizada por el programa. Este método, sin embargo, se encontró con varias dificultades. En la década de 1980, un gran número de organizaciones se esforzó por lograr la normalización, en lo que se conoció como SQL Access Group (SAG). Entre los proyectos originales en las discusiones había una propuesta de Microsoft que no fue aceptada en su totalidad por el grupo pero cuyo desarrollo por la empresa continuó, lo que culminó con el lanzamiento en 1991 de la propuesta de norma, que en 1992 cambio su nombre a ODBC. A partir de entonces, el modelo también se utilizó en entornos Windows, convirtiéndose en un estándar de la industria.

Estructura

ODBC tiene como objetivo permitir que las aplicaciones accedan a una base de datos del sistema de gestión de datos (SBD), sin la necesidad de reconocer la tecnología y las particularidades específicas de ese SBD. Para esto el ODBC proporciona un conjunto de llamadas a funciones estandarizadas que permiten que una aplicación se conecte a un SBD, ejecute las sentencias SQL y recupere resultados. Lógicamente, a pesar de ser un estándar, cada organización tiene una forma de aplicar el estándar ODBC según su conveniencia, con la implementación de algunas de las funciones o la aplicación de otras funciones que no son parte de la estandarización. Así, el ODBC está dividido en niveles: la API núcleo son las funciones básicas y simples para ser implementadas. La adición de algunas funciones más complejas forma la API de nivel 2, en cuanto a la especificación completa forma el nivel 3. Por otra parte, también consideramos el lenguaje SQL bajo esta óptica: hay un SQL mínimo, un SQL extendido y el núcleo de SQL. Un driver puede ser compatible con un nivel específico de API de ODBC y de SQL, siendo necesario que el desarrollador lea las especificaciones del driver que desea utilizar.

La arquitectura ODBC se divide en cuatro componentes:

- Aplicación - (Hoja de cálculo, procesadores de texto, lenguajes de programación, etc.) que realiza el procesamiento y recibe / envía instrucciones SQL al administrador de controladores (Driver Manager).

- Administrador de controladores - librería de enlace dinámico (DLL) que carga los drivers necesarios para que la aplicación acceda a la base de datos, direccionando las llamadas de funciones ODBC al driver correcto.

- Driver - una DLL que recibe las llamadas desde el administrador de controladores (Driver Manager), procesando las llamadas de función ODBC. El driver que se conecta al SBD, realizando las solicitudes y enviando los datos solicitados por el Administrador de controladores en el lenguaje apropiado de la fuente de datos. Si el SBD en cuestión no procesa SQL, el driver debe hacer la conversión necesaria.

- Fuente de datos - consiste en el propio SBD del sistema operativo donde se ejecuta el SGBD y de la red (si se utiliza) para acceder a la base de datos.

CONCEPTOS INICIALES Y ACCESO A TRAVÉS DE LA LÍNEA DE COMANDOS EN SQLITE

SQLite es el nombre dado a un SBD de código abierto cuya principal diferencia es que en lugar de ser un SBD estándar, está contenido en una biblioteca escrita en lenguaje C. Un SBD clásico es un programa que crea y gestiona los datos de una base de datos al que se accede externamente por programas que requieren este tipo de datos. SQLite, sin embargo, no es un programa, sino una biblioteca de código que implementa una base de datos y es manipulada por el programa mediante llamadas a funciones. SQLite no requiere instalación, basta con integrarlo de forma convencional como una biblioteca de código escrito para el programa, lo que permite incorporarlo al sistema. Esto es especialmente útil cuando tenemos que entregar sistemas con bases de datos pero no hay ninguna posibilidad de organizar un servidor de bases de datos para acceso.

Por estas razones y por su tamaño relativamente pequeño, SQLite se utiliza en la mayoría de las aplicaciones que requieren almacenar y acceder a datos de manera rápida, pero no pueden acceder a una base de datos externa (por varias razones, incluyendo la velocidad y la conveniencia) como: navegadores, clientes de correo electrónico, smartphones (Android), los sitios web, los programas que necesitan almacenar datos temporales y etc. SQLite es también una buena opción para aquellos que quieran utilizar un SBD simple para la enseñanza de bases de datos. No se recomienda su uso para aplicaciones cliente / servidor, los programas y sitios web que necesitan llevar a cabo un gran número de transacciones o que requieren un alto nivel de concurrencia.

Instalación

Como se mencionó anteriormente, SQLite no requiere instalación. Sólo tiene que hacer una copia en la biblioteca http://www.sqlite.org/download.html. En esta página, descargue el archivo sqlite-amalgation en Source Code. Posteriormente, de acuerdo con su sistema operativo, puede descargar el Shell para acceder y manipular SQLite sin la aplicación de la que será parte y del Analyzer un programa de análisis de los archivos de las bases de datos. La recomendación es crear una carpeta con el nombre sqlite y descomprimir todos los archivos dentro de la carpeta.

Acceso a SQLite a través de línea de comandos

A SQLite se puede acceder directamente, sin estar vinculado a un programa, usando una pequeña utilidad de línea de comandos llamada sqlite3 (sqlite3.exe en Windows) que permite ejecutar comandos SQL. Para iniciar el programa sqlite3, debe introducir el directorio donde esta sqlite3 a través de línea de comandos y escribir "sqlite3" seguido del nombre de la base de datos a la que se debe acceder con la extensión .db. Por ejemplo, si queremos crear o acceder a una base de datos llamada test.db utilizamos:

sqlite3 test.db

Y tecleamos ENTER. Si no existe la base de datos, se crea. Si ya existe la base de datos, se abrirá y en la línea de comandos aparecerá un mensaje del sistema introductorio:

$ Sqlite3 test.db </ p> SQLite versión 3.6.11

Enter ". Ayuda" para obtener instrucciones

Introduzca sentencias SQL terminando con un ";"

sqlite>

Ahora puede insertar comandos SQL estándar. SQLite es compatible con los comandos para crear, eliminar y actualizar las tablas, así como comandos de consulta, triggers y similares. Si desea acceder al sistema de ayuda, debe escribir .help. Además de .help, SQLite tiene varios comandos internos a los que se accede mediante .nombre de código. La lista de funciones está bien documentada.

BASES DE DATOS DISTRIBUIDAS

Base de datos distribuida (BDD) es un conjunto de dos o más sistemas de bases de datos, no necesariamente homogéneos, lógicamente interrelacionados e integrados mediante una red de ordenadores, caracterizando un sistema distribuido. Mientras que las empresas y organizaciones con sistemas pequeños o medianos utilizan una sola base de datos, las grandes empresas pueden requerir sistemas de BDD para tratar todas sus complejidades transaccionales, lo que conlleva la división en partes descentralizadas más pequeñas, más fáciles de ser gestionadas.

No hay soluciones nativas para BDDs, lo más común es que los fabricantes de SBD comunes permitan a sus productos adaptarse a las características de los sistemas distribuidos.

Características de un sistema de BDD

Los nodos de una BDD deben estar conectados por una red de ordenadores que permitan la transmisión de datos. Esta integración puede hacerse mediante una LAN o WAN. En este sentido, la topología de red implementada en un sistema de BDD puede afectar directamente el rendimiento de este tipo de base.

La conexión entre los nodos debe permitir que el BDD sea manipulado de una manera estandarizada. Esto significa que debemos tener datos lógicamente relacionados pero no hay necesidad de que los datos, hardware y software sean homogéneos (es decir, iguales). Por otra parte, este tipo de sistema debe ser capaz de proporcionar transparencia, es decir, ocultar los detalles de implementación al usuario final, de modo que este piense que es un sistema único de gran tamaño.

Replicación y datos de la fragmentación

En una base de datos distribuida, los archivos pueden ser replicados o fragmentados, y los dos modelos pueden estar contenidos en el mismo sistema de BDD. Los archivos replicados tienen una copia de cada uno de los datos en cada nodo, haciendo las bases iguales. La replicación de los datos puede ser síncrona o asíncrona. En el caso de la replicación síncrona, la transacción se da como completa cuando todos los nodos confirman que la transacción local se ha realizado correctamente. En la replicación asíncrona, el nodo maestro realiza la transacción enviando confirmación al solicitante y a continuación, reenvía la transacción a los otros nodos. En la fragmentación, los datos se dividen en todo el sistema, es decir, en cada nodo hay una base de datos diferente localmente pero los datos se ven de manera única a nivel global.

CONCLUSIONES FINALES

El buen uso de las bases de datos es fundamental para las buenas prácticas en la programación actual. Una base de datos optimizada, con sus backups automatizados, con el uso de triggers, etc... es lo que dará finalmente agilidad al desarrollador de aplicaciones con bases de datos y al rendimiento de las propias aplicaciones que trabajan con bases de datos.

Debido al aumento exponencial de las nuevas tecnologías de la información, sumado al uso de las tecnologías móviles con acceso a Internet, el volumen de datos que manejan tanto las empresas, como muchos particulares (con solamente almacenar algunos datos de sus redes sociales y contactos profesionales) se ha incrementado notablemente, con lo cual, a día de hoy es casi imposible imaginar una aplicación que no necesite trabajar con una base de datos.

Espero que este libro le haya servido de ayuda para iniciarse y practicar en el apasionante mundo de las bases de datos y el desarrollo de las mismas, espero que esto le haya abierto la curiosidad y que a partir de ahora empiece a investigar y a practicar por su cuenta.

Referencia bibliográfica

Para la realización de este libro se han consultado, traducido, leído, contrastado e interpretado información de las siguientes fuentes de información:

Libros

Database Systems: The Complete Book (2nd Edition), de Hector Garcia-Molina , Jeffrey D. Ullman, Jennifer Widom.

Database System Concepts de Avi Silberschatz, Henry F. Korth, S. Sudarshan.

SQL For Dummies, 8th Edition, de Allen G. Taylor.

The Complete Idiot's Guide to Programming Basics, de Clayton Walnum

Programación en C, de Aarón Rojo Bedford

Basic programming, de John G. Kemény y Thomas E. Kurtz

Teach Yourself Programming in Ten Years, de Peter Norvig

***MySQL 5.1 Plugin Development** de Andrew Hutchings, Sergei Golubchik.*

Páginas web

Artículo de Banco de dados de la página web http://www.revistabw.com.br

http://wikipedia.org

http://www.mysql.com

http://microsoft.com

http://programmingbasics.com

ACERCA DEL AUTOR

Ángel Arias

Ángel Arias es un consultor informático con más de 12 años de experiencia en sector informático. Con experiencia en trabajos de consultoría, seguridad en sistemas informáticos y en implementación de software empresarial, en grandes empresas nacionales y multinacionales, Ángel se decantó por el ámbito de la formación online, y ahora combina su trabajo como consultor informático, con el papel de profesor online y autor de numerosos cursos online de informática y otras materias.

Ahora Ángel Arias, también comienza su andadura en el mundo de la literatura sobre la temática de la informática, donde ,con mucho empeño, tratará de difundir sus conocimientos para que otros profesionales puedan crecer y mejorar profesional y laboralmente.